Vente les jeudi 24, vendredi 25 et samedi 26 Mars 1898

(HOTEL DROUOT)

Salle n° 7.

CATALOGUE

DE

BEAUX ET BONS LIVRES

MODERNES

PROVENANT DE LA

BIBLIOTHÈQUE DE M. ERNEST VAUGHAN

DEUXIÈME PARTIE

PUBLICATIONS

DE

ISIDORE LISEUX, CONQUET, JOUAUST, GAY, SCHEURING, DIDOT.

Œuvres de GONCOURT,

VICTOR HUGO, GUY DE MAUPASSANT, ÉMILE ZOLA.

PARIS

THÉOPHILE BELIN, LIBRAIRE

29, QUAI VOLTAIRE, 29

1898

BIBLIOTHÈQUE

DE

M. ERNEST VAUGHAN

LA VENTE AURA LIEU

Jeudi 24, Vendredi 25 et Samedi 26 mars 1898,

à 2 heures précises,

HOTEL DES COMMISSAIRES-PRISEURS, 9 RUE DROUOT

Salle n° 7 (au premier)

par le ministère de Me MAURICE DELESTRE, commissaire-priseur,

5, rue Saint-Georges,

Assisté de M. THÉOPHILE BELIN, libraire,

29, quai Voltaire.

ORDRE DES VACATIONS

PREMIÈRE VACATION

Jeudi 24 mars .... 1 à 200.

DEUXIÈME VACATION

Vendredi 25 mars .... 201 à 401.

TROISIÈME VACATION

Samedi 26 mars .... 402 à 608.

CONDITIONS DE LA VENTE

La vente se fait au comptant.

Les acquéreurs paieront 5 0/0 en sus des enchères. Les livres devront être collationnés sur place dans les vingt-quatre heures. Passé ce délai ou une fois sortis de la Salle des ventes, ils ne seront repris pour aucune cause.

M. Théophile Belin remplira les commissions des personnes qui ne pourraient assister à la vente.

38

CATALOGUE

DE

BEAUX ET BONS LIVRES

MODERNES

PROVENANT DE LA

BIBLIOTHÈQUE DE M. ERNEST VAUGHAN

DEUXIÈME PARTIE

PUBLICATIONS

DE

ISIDORE LISEUX, CONQUET, JOUAUST, GAY,
SCHEURING, DIDOT.

Œuvres de GONCOURT,
VICTOR HUGO, GUY DE MAUPASSANT, ÉMILE ZOLA.

PARIS
THÉOPHILE BELIN, LIBRAIRE
29, QUAI VOLTAIRE, 29

1898

Vente des 25 et 26 mars 1898

Catalogue de beaux et bons livres modernes, provenant de la bibliothèque de M. Ernest Vaughan
2e Partie : Publications de Isidore Liseux, Conquet, Jouaust, Gay, Scheuring, Didot, etc..
Salle Drouot.
MM. Delestre, commissaire, M. Théo-Belin, libraire
608 Numéros ; Total : 1.0673 frs 50

1. **About** (Edmond). Le Roi des Montagnes. Dessins de Charles Delort, gravés par Mongin. *Paris, Jouaust*, 1883, pet. in-8, *broché*. 8.50

2. **About.** Le Roman d'un brave homme. Édition illustrée de 52 compositions par Adrien Marie. *Paris, Hachette*, 1882, gr. in-8, *broché*. 5

3. **About.** Trente et Quarante, avec les illustrations de H. Vogel et les ornements de A. Giraldon, gravés à l'eau-forte par Verdoux, Ducourtioux et Huillard. *Paris, Hachette*, 1891, in-4, *broché*. [3] 18

4. **Aicard** (Jean). Roi de Camargue. Illustrations de Georges Roux. *Paris, Testard*, 1890, in-8, *broché*. 7.50

Papier vélin.

5. **Ajalbert** (J.). L'Auvergne. Illustrations de A. Montader. *Paris, May et Motteroz*, 1896, in-4, couv. en coul., *broché*. [5] 10

6. **Albert** (Paul). La Littérature française, des origines au XVIIIe siècle. *Paris, Hachette*, 1891, in-4, *broché*. 5

7. **Albums** (Petits) pour rire. *Paris, Philipon, s. d.*, 3 vol. in-8, demi-rel. [7] 19

Collection complète des 84 numéros, avec leurs couvertures.

8. **Alexandre** (Arsène). Histoire populaire de la peinture. Écoles allemande, espagnole et anglaise, illustrées de 215 gravures. *Paris, Henri Laurens, s. d.* (1896), in-4, *broché*. 4.50

9. **Aline et Valcour**, ou le Roman philosophique. Ecrit à la Bastille, un an avant la Révolution de France [par le marquis de Sade]. *Bruxelles, Gay*, 1883, 4 vol. pet. in-8, fig., cart., *non rognés*. [9] 12

10. **Almanach de Gotha.** Annuaire généalogique, diplomatique et statis- 8

tique. *Gotha, Justus Perthes*, 1876-1894, 19 vol. in-16, portr., cart. toile de l'éditeur.

11. **Amérique du Nord** (l') pittoresque. Ouvrage rédigé par une réunion d'écrivains américains sous la direction de W. Cullen Bryant, trad. par Revoil. *Paris, Quantin*, 1880, in-fol., fig., *broché*.

12. **Amour** (l') aux Colonies. Singularités physiologiques et passionnelles observées durant trente années de séjour dans les colonies françaises : Cochinchine, Tonkin et Cambodge, Guyane et Martinique, Sénégal et Rivières du Sud, Nouvelle Calédonie, Nouvelles Hébrides et Tahiti par le docteur Jacobus X***. *Paris, Liseux*, 1893, in-8, *broché*.

13. **Anthologie** des Poètes français du XIXe siècle. 1762-1866. *Paris, Lemerre*, 1887-1888, 4 vol. gr. in-8, demi-rel. chagr. Lavallière, dos orné, *non rogné*.

14. **Apulée**. L'Ane d'or, ou la Métamorphose. Traduction de Savalète. Préface de J. Andrieux. Avec nombreuses figures dessinées par A. Racinet et P. Bénard. *Paris, Firmin-Didot*, 1872, gr. in-8, vélin, fil., *non rogné*.

15. **Aretino** (Pietro). Les Ragionamenti ou Dialogues du divin Pietro Aretino. Texte italien et traduction complète par le traducteur des Dialogues de Luisa Sigea. Avec une réduction du portrait de l'Arétin peint par le Titien et gravé par Marc-Antoine. *Paris, Liseux*, 1882, 6 vol. in-8, *broché*.

Papier de Hollande.

16. **Aretino**. Suite complète de 20 eaux-fortes pour illustrer les Ragionamenti ou Dialogues du divin Pietro Aretino, dessinées par L. Dūnki, gravées par A. Prunaire. *Paris, Liseux*, 1882, in-4, cart., *non rogné*.

Tirage en sanguine sur papier du Japon.

17. **Aretino**. The Ragionamenti, or Dialogues litterally translated into English. With a reproduction of the Author's portrait engraved by Mark Antony Raimondi. *Paris, Liseux*, 1889, 4 vol. in-8, *brochés*.

18. **Aretino**. Les Sonnets luxurieux. Texte italien, le seul authentique et traduction littérale par le traducteur des Ragionamenti. Avec une notice sur les Sonnets luxurieux. *Paris, Liseux*, 1882, in-8, papier de Holl., *broché*.

19. **Aubert**. Le Littoral de la France. *Paris, Palmé*, 1886-1890, 6 vol. gr. in-8, fig., *broché*.

20. **Augier** (Émile). L'Aventurière. Comédie en vers. Compositions de Guillaume Dubufe. Eaux-fortes de A. Morse. *Paris, Calmann Lévy*, 1892, gr. in-8, *broché*.

21. **Augier**. La Ciguë. Comédie en vers. Compositions de G. Dubufe. Eaux-fortes de A. Morse. *Paris, Calmann Lévy*, 1893, gr. in-8, *broché*.

22. **Aurignac** (d'). Amérique du Sud. Trois ans chez les Argentins. Illustrations de Riou, gravure de Ch. Guillaume. *Paris, Plon, Nourrit, s. d.*, in-4, *broché*.

23. **Autographe** (L'). Année 1864. — L'Autographe. Evénements de 1870-1871. Introductions par J. Janin et Alph. Karr. *Paris*, 1864-1872. Ens. 3 vol. in-fol. oblong, cart. et *broché*.

24. **Autrefois**, ou le Bon Vieux Temps. Types français du dix-huitième siècle. Texte par MM. Audebrand, Roger de Beauvoir, Emile Deschamps, P. Joigneaux, Privat d'Anglemont, etc. Vignettes par Tony Johannot, Th. Fragonard, Gavarni, Ch. Jacque, etc. *Paris, Challamel, s. d.*, gr. in-8, demi-rel. dos et coins de mar. vert, tête dor., *non rogné*. Couverture conservée.

25. **Avelot** (H.) et **de La Nézière**. Monténégro, Bosnie, Herzégovine. Texte et illustrations par H. Avelot et J. de la Nézière. Ouvrage illustré par les auteurs de 4 aquarelles et de 200 dessins inédits. *Paris, Henri Laurens, s. d.* (1896), in-4, *broché*.

26. **Baffo** (Giorgio). Poésies complètes, en dialecte vénitien, littéralement traduites pour la première fois, avec le texte en regard. Orné du portrait de l'auteur. *Paris, Liseux*, 1884, 4 vol. gr. in-8, *brochés*.

27. **Baiser** (Le). Etude littéraire et historique. *Nancy, typogr. Berger-Levrault*, 1888, gr. in-8, *broché*.

PAPIER DE HOLLANDE.

28. **Ballets** et Mascarades de Cour, de Henri III à Louis XIV (1581-1652). Recueillis et publiés, d'après les éditions originales, par Paul Lacroix. *Genève, Gay et fils*, 1868-1870, 6 vol. in-12, *brochés*.

29. **Ballu** (Roger). L'Œuvre de Barye. Précédé d'une introduction par Eug. Guillaume. Ouvrage accompagné de 24 grandes planches hors texte et de vignettes. *Paris, Quantin*, 1890, in-fol., cart., *non rogné*.

30. **Balzac** (Honoré de). Les Chouans. Illustrations de Julien Le Blant, gravées sur bois par Léveillé. *Paris, Testard*, 1889, in-4, *broché*.

31. **Balzac**. Les Contes drolatiques colligez ez abbayes de Touraine, et mis en lumière pour l'esbattement des Pantagruélistes et non aultres. Neufviesme édition illustrée de 425 dessins, par Gustave Doré. *Paris, Garnier, s. d.*, pet. in-8, *broché*.

32. **Balzac**. La Cousine Bette. Dix compositions par G. Cain, gravées à l'eau-forte par Gaujean et Géry-Bichard. *Paris, Quantin*, 1888, gr. in-8, *broché*.

33. **Balzac**. Le Père Goriot. Scènes de la Vie parisienne. Dix compositions par Lynch, gravées à l'eau-forte par E. Abot. *Paris, Quantin*, 1885, gr. in-8, *broché*.

34. **Barbey d'Aurevilly** (J.). Le Chevalier des Touches. Dessins de Julien Le Blant, gravés par Champollion. *Paris, Jouaust*, 1886, pet. in-8, *broché*.

35. **Barbou** (Alfred). Le Chien. Son histoire, ses exploits, ses aventures. Ouvrage illustré de 87 compositions par Emile Bayard, Couturier, Ch. Jacque, etc. *Paris, Jouvet*, 1883, gr. in-8, *broché*.

36. **Barron** (Louis). Autour de Paris. 500 dessins d'après nature par G. Fraipont. *Paris, May et Motteroz*, *s. d.*, pet. in-fol., cart., tête dor., *non rogné*.

37. **Barron**. Les Environs de Paris. Ouvrage illustré de cinq cents dessins d'après nature par G. Fraipont, et accompagné d'une carte en couleur. *Paris, Quantin s. d.*, gr. in-8, *broché*.

38. **Baschet** (Armand). Le Roi chez la Reine, ou Histoire secrète du mariage de Louis XIII et d'Anne d'Autriche, d'après le Journal de la santé du Roi, les dépêches du Nonce et autres pièces d'Etat. *Paris, Aubry*, 1864, in-8, demi-rel. dos et coins de mar. rouge, dos orné et mosaïqué, tête dor., *non rogné*.

L'un des 20 exemplaires sur PAPIER VERGÉ, auquel on a ajouté deux lettre autographes de Armand Baschet.

39. **Béquet** (Etienne). Marie, ou le mouchoir bleu. Notice littéraire par Adolphe Racot. Six compositions par de Sta, gravées par Abot. *Paris, Conquet*, 1884, pet. in-8 carré, mar. chagr. brun, *non rogné*.

40. **Beraldi** (Henri). Estampes et Livres. 1872-1892. *Paris, Conquet*, 1892, gr. in-8, fig., *broché*.

41. **Beraldi**. La Reliure du XIXe siècle. *Paris, Conquet*, 1895-1897, 4 vol. in-4, fig. noires et en héliogravure, *brochés*.

42. **Bergerat** (Émile). Enguerrande. Poème dramatique, précédé d'une Préface par Théodore de Banville. Avec un portrait de l'auteur, gravé à l'eau-forte par H. Lefort, et deux compositions du statuaire Auguste Rodin. *Paris, Frinzine*, 1884, in-4, demi-rel. chagrin rouge, *non rogné*.

Envoi d'auteur.

43. **Bergerat**. L'Espagnole. Illustrations de Daniel Vierge, gravées sur bois par Clément Bellenger. *Paris, Conquet*, 1891, in-12, *broché*.

44. **Bernard** (Charles de). Gerfaut. Dix illustrations de Adolphe Weisz, gravées à l'eau-forte par H. Manesse, *Paris, Quantin*, 1889, gr. in-8, *broché*.

45. **Bertall** (Albert d'Arnould, dit). La Comédie de notre temps. *Paris, Plon et Cie*, 1874, 2 vol. in-4, demi-rel. mar. rouge, *non rognés.*

46. **Bertall.** Les Contes de ma mère. Recueillis et illustrés par Bertall. *Paris, Plon*, 1877, in-8, *broché.*

47. **Bertall.** La Vie hors de chez soi (Comédie de notre temps). L'Hiver, le Printemps, l'Été, l'Automne. Études au crayon et à la plume. *Paris, Plon*, 1876, in-4, demi-rel. mar. rouge, *non rogné.*

48. **Bertall.** La Vigne. Voyage autour des vins de France. Étude physiologique, anecdotique, historique, humoristique et même scientifique. *Paris, Plon*, 1878, in-4, fig., demi-rel. dos et coins de mar. bleu, tête dor., *non rogné.*

49. **Bibliographie** des ouvrages relatifs à l'Amour, aux Femmes, au Mariage. Seconde édition. *Paris, J. Gay*, 1864, gr. in-8, demi-rel. chagr. vert, tête dor, *non rogné.*

50. **Bigot** (Charles). Gloires et souvenirs militaires, d'après les mémoires du canonier Bricard, du maréchal Bugeaud, du capitaine Coignet, etc., *Paris, Hachette*, 1894, in-4, *broché.*

Illustré de 24 planches hors texte, tirées en couleur.

51. **Binder** (Henri). Au Kurdistan, en Mésopotamie et en Perse. Ouvrage illustré de 200 dessins imprimés en phototypie par Quinsac, et d'une carte en 4 couleurs. *Paris, Quantin*, 1887, in-4, *broché.*

52. **Blanc** (Charles). Le Trésor de la Curiosité, tiré des Catalogues de vente de tableaux, dessins, estampes, livres, etc. *Paris, veuve Renouard*, 1858, 2 vol. in-8, demi-rel. mar. rouge, tête dor., *non rognés.*

Exemplaire tiré sur PAPIER DE HOLLANDE.

53. **Blanc** (Louis). Histoire de la Révolution française. Illustrée d'environ 600 gravures d'après les dessins de La Charlerie. *Paris, libr. du Progrès, s. d.*, 2 vol. gr. in-4, demi-rel. chagrin rouge, tr. jasp.

54. **Bleunard** (A.). La Babylone électrique. Illustrations de Montader. *Paris, Quantin, s. d.*, in-4, *broché.*

55. **Bonnetain** (Paul). L'Extrême-Orient. Ouvrage illustré de nombreux dessins d'après nature et accompagné de 3 cartes. *Paris, Quantin, s. d.*, gr. in-4, *broché.*

Envoi d'auteur.

56. **Bonvalot** (Gabriel). De Paris au Tonkin, à travers le Tibet inconnu. Ouvrage contenant une carte en couleurs et 108 illustrations gravées d'après les photographies prises par le prince Henri d'Orléans. *Paris, Hachette*, 1892, gr. in-8, *broché.*

57. **Borel** (Petrus) le Lycanthrope. Madame Putiphar. Préface par Jules

Claretie. *Paris, Willem*, 1877-1878, 2 vol. gr. in-8, pap. de Holl., front., *brochés*.

58. **Borelli** (Jules). Ethiopie méridionale. Journal de mon voyage aux pays Amhara, Oromo et Sidama. Septembre 1885 à novembre 1888. *Paris, Quantin*, 1890, in-4, *broché*. [58] 10

59. **Bouchot** (Henri). Les Femmes de Brantôme. Ouvrage orné de 30 planches hors texte et de nombreuses gravures dans le texte reproduites d'après les originaux. *Paris*, 1890, in-4, *broché*. 8

60. **Bourgeois** (Émile). Le Grand Siècle. Louis XIV, les Arts, les Idées. *Paris, Hachette et Cie*, 1896, in-4, *broché*. 20

Nombreuses reproductions. — Couverture en or et en couleur. [80]

61. **Boursin** (E.) et **Challamel** (Augustin). Dictionnaire de la Révolution française. Institutions, hommes et faits. *Paris, Jouvet*, 1893, in-4 à 2 col., *broché*. 4

62. **Bovet** (Marie-Marie de). L'Ecosse. Souvenirs et impressions de voyages. Ouvrage illustré de 167 gravures dont 110 reproduisent les aquarelles exécutées d'après nature par G. Vuillier. *Paris, Hachette*, 1898, in-4, demi-rel. dos et coins de veau fauve, tr. dor. (*Rel. de l'Editeur*). [62] 17

63. **Brantôme**. Les Vies des Dames galantes, d'après l'édition originale de 1666, et les Copies et Manuscrits de la Bibliothèque nationale, augmentées de notes critiques et d'une Notice sur Brantôme, par Eugène Vignon. Gravures d'après H. Pille par Champollion. *Paris, Arnaud et Labat*, 1879, 3 vol. in-8, demi-rel. dos et coins de mar. rouge, tête dor., *non rognés*. [63] 16

64. **Brillat-Savarin**. Physiologie du Goût, précédée d'une Notice par Alph. Karr. Dessins de Bertall. *Paris, Furne*, 1864, gr. in-8, demi-rel. dos et coins de mar. brun, tête dor., *non rogné*. [64] 10

65. **Busnach** (William). Trois pièces tirées des Romans et précédées chacune d'une Préface de Emile Zola : L'Assommoir, Nana, Pot-Bouille. *Paris, Charpentier*, 1884, in-12, demi-rel. dos et coins de mar. rouge, tête dor., *non rogné*. 7

ÉDITION ORIGINALE. — L'un des 30 exemplaires tirés sur PAPIER DE HOLLANDE. [65]

66. **Cabrol** (Élie). Voyage en Grèce. 1889. Notes et Impressions. 21 planches en héliogravure et 5 plans lithographiés tirés hors texte. *Paris, Jouaust*, 1890, gr. in-4, *broché*. 4,50

67. **Calendrier Parisien** 1892. Texte par Hugues Le Roux. Treize lithographies par Dillon. *Paris, Conquet*, 1892, in-12, *broché*. 4,5

68. **Campardon** (Émile). Marie-Antoinette à la Conciergerie. (Du 1er août, 6,5

au 16 octobre 1793.) Pièces originales conservées aux Archives de l'Empire, suivies de Notes historiques et du Procès imprimé de la Reine. *Paris, J. Gay*, 1864, gr. in-8, demi-rel. dos et coins de mar. rouge, tête dor., *non rogné*.

Exemplaire tiré sur GRAND PAPIER DE HOLLANDE, auquel on a ajouté 3 portraits de Marie-Antoinette, dont un de *Desrüne*, gravé par *Lefèvre*, épreuve AVANT LA LETTRE.

69. **Capitales** (les) du Monde, par F. Coppée, Melchior de Vogué, Pierre Loti, G. Boissier, Mme Judith Gauthier, Mme Adam, etc. *Paris, Hachette*, 1892, gr. in-8, *broché*.

70. **Cardonne** (C. de). L'Empereur Alexandre II. Vingt-six ans de règne (1855-1881). *Paris, Jouvet*, 1883, gr. in-8, portr., *broché*.

71. **Carel** (A.). Histoire anecdotique des Contemporains. *Paris, Chevalier-Marescq*, 1885, gr. in-8, fig., *broché*.

72. **Casati** (Gaetono). Dix années en Equatoria. — Le retour d'Emin-Pacha et l'expédition Stanley. Ouvrage traduit avec l'autorisation de l'auteur, par Louis de Hessem, et enrichi de 170 gravures et de 4 cartes. *Paris, Firmin-Didot*, 1892, gr. in-8, *broché*.

73. **Casti** (l'abbé). Nouvelles traduites pour la première fois. *Paris, Liseux*, 1880, in-12, pap. de Holl., *broché*.

74. **Catalogue** illustré des Livres précieux manuscrits et imprimés faisant partie de la Bibliothèque de M. Ambroise Firmin-Didot, de l'Académie des Inscriptions et Belles-Lettres. *Paris, Firmin-Didot*, 1878-1884, 6 vol. gr. in-8, fig., cart., tête dor., *non rognés*.

Un des 500 exemplaires tirés sur GRAND PAPIER.

75. **Challamel** (Augustin). Histoire de la Mode en France. La Toilette des femmes depuis l'époque gallo-romaine jusqu'à nos jours. Nouvelle édition ornée de 21 planches coloriées d'après les aquarelles de F. Lix et de culs-de-lampe par Scott. *Paris, Hennuyer*, 1881, gr. in-8, demi-rel. dos et coins de mar. bleu, tête dor., *non rogné*.

76. **Cham**. Les Folies parisiennes. Quinze années comiques. 1864-1789. Introduction par Gérome. *Paris, Calmann Lévy*, 1883, gr. in-4, cart., tr. jasp.

77. **Champeaux** (A. de) et **Adam**. Paris pittoresque. Ouvrage illustré de nombreuses gravures dans le texte et de 10 grandes eaux-fortes originales par Lucien Gautier. *Paris, Rouam, s. d.*, in-fol., cart., tr. dor.

78. **Champfleury**. Contes choisis : Les Trouvailles de M. Bretoncel. — La Sonnette de M. Berloquin. — M. Tringle. Nombreuses illustrations dans le texte à l'eau-forte et en typographie par Evert van Muyden. *Paris, Quantin*, 1889, pet. in-4, *broché*.

79. **Champfleury**. Le Musée secret de la Caricature. *Paris, Dentu*, 1888, in-12, fig., demi-rel. dos et coins de mar. citron, tête dor., *non rogné*. 4,50

ÉDITION ORIGINALE, avec la couverture conservée.

80. **Champfleury**. Le Violon de Faïence. Dessins en couleur par Émile Renard. Eaux-fortes par J. Adeline. *Paris, Dentu*, 1877, in-8, demi-rel., dos et coins de mar. rouge, tête dor., *non rogné*. [80] 16

81. **Champier** (Victor). Les Anciens Almanachs illustrés. Histoire du Calendrier depuis les temps anciens jusqu'à nos jours. Ouvrage accompagné de 50 planches hors texte en noir et en couleur, reproduisant les principaux Almanachs illustrés ou gravés par L. Gaultier, Crispin de Pas, Abr. Bosse, Debucourt, etc. *Paris, Frinzine*, 1886, in-fol., cart., *non rogné*. [81] 16

82. **Chantre** (Mme B.). A travers l'Arménie russe. Ouvrage contenant 151 illustrations gravées d'après les photographies prises par M. Chantre et deux cartes. *Paris, Hachette*, 1893, gr. in-8, *broché*. 6

83. **Charnay** (Désiré). Les Anciennes villes du Nouveau Monde. Voyages d'explorations au Mexique et dans l'Amérique centrale. 1857-1882. Ouvrage contenant 214 gravures et 19 cartes et plans. *Paris, Hachette*, 1885, pet. in-fol., *broché*. 11

84. **Chenevière** (Adolphe). Jacques l'Intrépide. Illustrations de Jeanne Lemerre, *Paris, Lemerre, s. d.*, gr. in-8, cart., tr. dor. 2,50

85. **Chennevières** (de). Les Dessins du Louvre. *Paris, Baschet, s. d.*, in-fol., *broché*. 39

Collection complète comprenant soixante et onze numéros. 71 [85]

86. **Chevigné** (Comte de). Les Contes rémois. Dessins de E. Meissonier. Septième édition. *Paris, libr. de l'Acad. des bibliophiles*, 1868, in-8, cart., *non rogné*. 5

Édition augmentée de nouveaux contes illustrés par *Foulquier*.

87. **Chevigné**. Les Contes rémois. Douzième édition, précédée de la Muse Champenoise, par L. Lacour. Dessins de Jules Worms, gravés par Paul Rajon. *Paris, Jouaust*, 1877, in-12, *broché*. [87] 12

88. **Chorier** (Nicolas). Les Dialogues de Luisa Sigea, sur les Arcanes de l'Amour et de Vénus, par Luisa Sigea, et traduite en latin par Jean Meursius, texte latin revu sur les premières éditions et traduction littérale, la seule complète, par le traducteur des Dialogues de P. Aretino. *Paris, Liseux*, 1882, 4 vol. in-8, pap. de Holl., *brochés*. [88] 100

89. **Chorier**. The Dialogues of Luisa Sigea (Aloisiæ Sigeæ Satyra Sotadica de arcanis Amoris et Veneris) literally translated from the latin. *Paris, Liseux*, 1890. 5 parties en 2 vol. in-8, *brochés*. 6

90. **Claretie** (Jules). La Canne de M. Michelet. — Promenades et Souvenirs. — Préface par A. Mézières. Portrait et douze compositions de P. Jazet, gr. à l'eau-forte par Toussaint. *Paris, Conquet*, 1886, in-8, mar. orange, dos orné, fil., tr. dor.

91. **Claretie** (Jules). Monsieur le Ministre. Dix compositions par Adrien Marie, gravées à l'eau-forte par Wallet. *Paris, Quantin, s. d.*, gr. in-8, *broché*.

92. **Claretie** (Léo). Les Jouets. Histoire, fabrication. 300 vignettes dans le texte et 13 planches hors texte, dont 6 en couleurs. *Paris, May et Motteroz, s. d.*, in-4, cart., tr. dor.

93. **Claretie** (Léo). L'Université moderne, contenant 65 compositions de J. Geoffroy. Préface de M. O. Gréard. *Paris, Delagrave, s. d.*, gr. in-4, *broché*.

94. **Claris** (Gaston). Notre Ecole Polytechnique. Texte et illustration par Gaston Claris, ancien élève de l'Ecole polytechnique. *Paris, May et Motteroz*, 1895, in-4, cart. toile de l'éditeur, tête dor., *non rogné*.

95. **Classiques** (les) de la Table. Petite Bibliothèque des écrits les plus distingués publiés à Paris sur la Gastronomie et la vie élégante. Ornés de portraits, vignettes sur acier, eaux-fortes, lithographies d'après P. Delaroche, Ary Scheffer, Alfred et Tony Johannot, Lamy, Roqueplan, etc. *Paris, Mlle Laigner*, 1846, 2 parties en un vol. in-8, demi-rel. mar. vert, *non rogné*.

Cachet sur le titre.

96. **Cleland** (John). Memoirs of Fanny Hill. A new and genuine edition the original text (London, 1749). *Paris, Liseux*, 1888, in-8, *broché*.

97. **Cléry** (Léon). Souvenirs du Palais. *Paris, Lemerre, s. d.*, gr. in-8, *broché*.

Volume extrêmement rare, l'édition ayant été détruite par l'auteur.

98. **Collection antique**. *Paris, Quantin*, 1878-1889, 14 vol. in-18, demi-rel. dos et coins de mar. bleu, tête dor., éb.

Collection complète. Texte encadré. Figures en noir et en couleur.

99. **Collection Gay et Doucé**. 1877-1887. 5 vol. in-12, cart., *non rognés*.

Bonnetain. Mon petit Homme. — Le Cabriolet. — *Collier*. Contes à rire. — Les Nuits d'Epreuve. — Les Sonnettes.

100. **Collection Gay et Doucé**. 1878-1887, 5 vol. in-12, cart., *non rognés*.

Collé. Chansons badines. — *Cuisin*. Clémentine. *Decourdemanche*. Sottisier. —*Rochemond*. Mémoires d'un vieillard de 25 ans. 2 vol.

101. **Collection Gay et Doucé**. 1879-1881. 5 vol. in-12, cart., *non rognés*.

La belle Alsacienne. — L'Étourdi. — *Mercier de Compiègne*. Éloge du sein. — Le Souper des petits-Maîtres. — *Swedenborg*. Charmes de l'amour conjugal.

102. **Collection Gay et Doucé.** 1879-1883. 5 vol. in-12, cart., *non rognés.*

D'Aucourt. Themidor. — *Dorvigny.* Ma Tante Geneviève, 2 vol. — *Pigault-Lebrun.* Le Citateur. — Le Putanisme d'Amsterdam.

103. **Collection Gay et Doucé.** 1879-1883. 5 vol. in-12, cart., *non rognés.*

Descaves. La Teigne. — *Meunier de Querlon.* Les Soupers de Daphné. — *Mireur.* Le Pornographe. — Œuvres de la Mlle de Palmarèze. — *Sewrin.* La première Nuit de mes noces.

104. **Collection Gay et Doucé.** 1879-1891. 5 vol, in-12, cart., *non rognés.*

Donnet-Dubreuil. M. et Mme Morale. — Contes théologiques. — Paris ou le paradis des femmes. — Pornophile. — *Vilfranc.* Faiblesses d'une jolie femme.

105. **Collection Gay et Doucé.** 1880-1883. 5 vol. in-12, cart., *non rognés.*

Barrett. Mlle Javotte. — Les Cousines de la Colonelle, 2 vol. — *Cuisin.* Les Femmes entretenues. — Les Dévotions de Mme de Bethzamooth.

106. **Collection Gay et Doucé.** 1880-1883. 5 vol. in-12, cart., *non rognés.*

J. Gay. Anecdoctes piquantes. — *Montifaud.* Alosie. — *Vallières.* Faiblesses d'une jolie fille. — Vie et mœurs de Mlle Cronel, 2 vol.

107. **Collection Gay et Doucé.** 1881-1883. 5 vol. in-12, cart. et demi-rel., *non rognés.*

Aventures galantes des Enfants de Loyola. — *Beaufort.* L'Enfant du trou du souffleur, 2 vol. — *La Morlière.* Les Lauriers ecclésiastiques. — *Sade.* Les Crimes de l'Amour.

108. **Collection Gay et Doucé.** 1881-1883. 5 vol. in-12, cart., *non rognés.*

Coiffier, Le Cheveu. — *Diderot.* Les Bijoux indiscrets, 2 vol. — *Grécourt.* Œuvres badines. — L'abbé en belle humeur.

109. **Collection Gay et Doucé.** 1881-1885. 5 vol. in-12, cart., *non rognés.*

Crébillon fils. Le Sopha. — La Fleur lascive. — *Lesuire.* La Courtisane. — *Mirabeau.* Erotika biblion. — La Morale des Sens.

110. **Collection Gay et Doucé.** 1881-1891, 4 vol. in-12, cart., *non rognés.*

Brégand. Heures sensuelles. — *Crébillon fils.* Le Sopha. — *Huerne de la Mothe.* Margot les pelotons. — *J.-B. Rousseau.* Contes inédits.

111. **Collection Gay et Doucé.** 1882-1883. 5 vol. in-12, cart., *non rognés.*

D'Argens. Les Nonnes galantes. — *Bauvesel.* Œuvres badines. — *Jacob (P. Lacroix).* Les Maladies de Vénus. — *Legay.* Eglai. — *J.-B. Rousseau.* Toutes les Épigrammes.

112. **Collection Lahure.** Voyage de Paris à Saint-Cloud. — Le Conte de l'Archer. — La Matrone du pays de Soung. *Paris, Lahure,* 1883-1885, 3 vol. in-8, fig., *brochés.*

Premier essai de reproduction d'aquarelles par la chromotypographie, inventée par Gillot.

113. **Colonna** (Francesco). Le Songe de Poliphile, ou Hypnérotomachie. Littéralement traduit pour la première fois avec une Introduction et des

Notes par Claudius Popelin. Figures sur bois, gravées à nouveau par A. Prunaire. *Paris, Liseux*, 1883, 2 vol. in-8, pap. de Holl., *broché*.

114. **Congrès** (Le) des Arts décoratifs tenu à l'École nationale des Beaux-Arts du 18 au 30 mai 1894. Comptes rendus sténographiques. *Paris, s. d.* (1895), in-8, *broché*.

115. **Constant** (Benjamin). Adolphe. Portrait gravé par Courboin, d'après Desmarais. Préface par Paul Bourget. *Paris, Conquet*, 1889, in-12, *broché*.

116. **Contesse** (G.). Les Héros de la Marine française. Illustrations d'après les dessins et aquarelles de MM. Léon Couturier et Eugène Courboin. *Paris, Firmin-Didot* (1898), in-4, couv. en coul., *broché*.

117. **Conteurs français** (Les), publiés par Jouaust. *Paris*, 1874-1883, 10 vol. in-8, *brochés*.

B. des Periers, 2 vol. — Contes d'Eutrapel, 2 vol. — Elite des contes d'Ouville, 2 vol. — Cholières, 2 vol. — Heptameron des nouvelles, 2 vol.

118. **Coppée** (François). Les Contes de Noël. Illustrations de Myrbach. *Paris, Alph. Lemerre, s. d.* (1894), gr. in-8, cart. toile, tr. dor.

119. **Coppée** (François). Prose, 1873-1890. — Poésies, 1864-1887. — Théâtre, 1869-1889. — Édition illustrée de 300 dessins par F. de Myrbach. *Paris, Lemerre, s. d.*, 3 vol. gr. in-8, cart., tr. dor., couv. illustrée.

120. **Costumes** des Ballets du Roy. Archives de l'Opéra, XVIIIe siècle. Avec une Notice de M. C. Nuitter. 20 planches en couleur par A. Guillaumot fils. *Paris, Monnier*, 1885, gr. in-4, cart., *non rogné*.

121. **Costumes** du temps de la Révolution. 1790, 1791, 1792, 1793. Tirés de la Collection de M. V. Sardou. Préface de M. Jules Claretie. Quarante eaux-fortes coloriées de M. Guillaumot fils. *Paris, A. Lévy*, 1876, in-fol., demi-rel. dos et coins de chagrin rouge, tête dor., *non rogné*.

122. **Coudreau** (Henri). Chez nos Indiens. Quatre années dans la Guyane française (1887-1891). Ouvrage contenant 98 gravures et une carte. *Paris, Hachette*, 1893, in-4, *broché*.

123. **Courmont** (Louis de). Feuilles au vent. Poésies. Illustrations par A. Beauvais, A. Berchon. E. Boisseau, U. Bourgeois, A. Duvivier, J. Gautherin, H. Hanoteau, A. Muri, A. Thomas, etc. *Paris, Tresse*, 1884, gr. in-8, *broché*.

124. **Courty** (Paul). Poésies et Pensées, avec un portrait gravé à l'eau-forte par Ch. Courty et une Préface d'Edmond Thiaudière. *Paris, Cerf*, 1894, gr. in-8, *broché*.

125. **Crevaux** (D^r). Voyages dans l'Amérique du Sud, avec 253 gravures sur bois, d'après des photographies ou des croquis pris par les voya-

geurs. 4 cartes et 6 fac-similés des relevés du Dr Crevaux. *Paris, Hachette*, 1883, pet. in-fol., *broché*.

126. **Dante Alighieri**. L'Enfer. Avec les dessins de Gustave Doré. Traduction française de Pier-Angelo Fiorentino. *Paris, Hachette*, 1881, in-fol., cart., *non rogné*.

127. **Daudet** (Alphonse). Contes choisis. Avec sept eaux-fortes par E. Burnand. *Paris, Jouaust*, 1883, in-8, pap. vélin, *broché*.

128. **Daudet** (Alphonse). La Défense de Tarascon. Seize aquarelles d'après Draner. *Paris, Conquet*, 1886, pet. in-12, *broché*.

Rare.

129. **Daudet** (Alphonse). Fromont jeune et Risler aîné. Mœurs parisiennes. Notice littéraire par Geoffroy. Douze compositions de Em. Bayard, gravées à l'eau-forte par J. Massard. *Paris, Conquet*, 1885, 2 vol. in-8, demi-rel. dos et coins de mar. vert, tête dor., *non rognés* (*Champs*).

L'un des 150 exemplaires tirés sur PAPIER DU JAPON, avec la suite des figures en double état AVANT et avec la lettre.

130. **Daudet** (Alphonse). Fromont jeune et Risler aîné, avec de nombreuses illustrations par George Roux. *Paris, Testard*, 1894, in-8, *broché*.

Vingt eaux-fortes de *George Roux* gravées à l'eau-forte par *Fernand Desmoulin*.

131. **Daudet** (Alphonse). Port-Tarascon. Dernières aventures de l'illustre Tartarin. Dessins de Bieler, Conconi, Montégut, Myrbach, etc. *Paris, Dentu*, 1890, gr. in-8, *broché*.

Envoi d'auteur.

132. **Daudet** (Alphonse). Sapho. Mœurs parisiennes. Dix illustrations de Rejchan, gravées à l'eau-forte par E. Abot et A. Duvivier. Vignettes dans le texte par G. Montaigut. *Paris, Quantin*, 1888, gr. in-8, *broché*.

133. **Dayot** (Armand). Les Médaillés du Salon de 1886. Texte par Armand Dayot. *Paris, Magnier*, 1886, 2 parties in-fol., pl., *brochés*.

Exemplaire avec la suite des planches tirées sur PAPIER DU JAPON.

134. **Dayot**. Napoléon raconté par l'image, d'après les Sculpteurs, les Graveurs et les Peintres. *Paris, Hachette*, 1895, in-4, fig., *broché*.

135. **Delaporte** (L.). Voyage au Cambodge. L'Architecture Khmer. Ouvrage orné de 175 gravures et d'une carte, dont 125 dessins originaux de l'auteur et 50 reproductions de photographies ou dessins de l'auteur. *Paris, Delagrave*, 1880, gr. in-8, *broché*.

136. **Delvau**. Dictionnaire ér..... moderne, par un professeur de langue verte. Nouvelle édition, revue, corrigée, considérablement augmentée par l'auteur et enrichie de nombreuses citations. *Bâle, impr. de Karl Schmidt, s. d.*, pet. in-8, pap. vélin, front., *broché*.

137. **Delvau.** Les Heures Parisiennes. 25 eaux-fortes d'Emile Benassit. — Histoire du Livre d'Alfred Delvau intitulé : Heures Parisiennes, accompagnée de trois lettres d'Alfred Delvau, d'un portrait de Delvau... et suivie de la réimpression des sept cartons de texte supprimés. *Paris, librairie centrale*, 1866-1872, 2 parties en un vol. in-12, demi-rel. mar. rouge, tête dor., *non rogné*.

138. **Delvau.** Les Sonneurs de Sonnets. 1540-1866. *Paris, Bachelin-Deflorenne*, 1867, in-16, papier de Holl., demi-rel. dos et coins de mar. bleu, dos orné, tête dor., *non rogné* (*Bretault*).

139. **Delzant** (A.). Les Goncourt. *Paris, Charpentier*, 1889, in-12, demi-rel. dos et coins de mar. brun, tête dor., *non rogné*.

L'un des 25 exemplaires tirés sur PAPIER DE HOLLANDE.

140. **Denon** (Vivant). Point de lendemain. Conte. Illustré de treize compositions par Paul Avril. *Paris, Rouquette*, 1889, in-8, pap. de Holl., *broché*.

141. **Deschaumes** (Edmond). La France moderne. L'Armée du Nord (1870-1871). Campagne du Général Faidherbe. Ouvrage illustré de 33 compositions, par G. Tiret-Bognet, et d'une Carte des opérations militaires. *Paris, Firmin-Didot*, 1895, gr. in-8, *broché*.

142. **Desforges.** Les Mille et un Souvenirs, ou les Veillées conjugales. *Bruxelles, Gay*, 1883, 3 vol. pet. in-8, fig., cart., *non rognés*.

143. **Deulin** (Charles). Contes d'un buveur de bière. Cent illustrations de P. Kaufmann. Gravures sur bois de MM. Quesnel et Willemsens. *Paris, Boudet, s. d.*, gr. in-8, *broché*.

144. **Devaux-Mousk.** Fleurs du Persil. Illustrations de Galice. *Paris, Ed. Monnier*, 1887, gr. in-8, couv. illustrée, *broché*.

145. **Diable à Paris** (Le). Paris et les Parisiens, à la plume et au crayon, par Gavarni, Grandville, Bertall, Cham, Dantan, Balzac, Alfred de Musset, G. Sand, Gustave Droz, etc. *Paris, Hetzel*, 1868-1873, 4 vol. gr. in-8, fig., *brochés*.

146. **Diderot.** Le Neveu de Rameau. Satire. Revue sur les textes originaux et annotée par Maurice Tourneux. Portrait et illustrations par J.-A. Milius. *Paris, Rouquette*, 1884, in-8, demi-rel. dos et coins de mar. brun, dos orné, tête dor.

PAPIER DU JAPON. — Figures en 2 états avec la lettre et AVANT LA LETTRE.

147. **Dieulafoy** (Mme Jane). La Perse, la Chaldée et la Susiane. Relation de voyage contenant 336 gravures sur bois d'après les photographies de l'auteur et 2 cartes. *Paris, Hachette*, 1887, in-fol., *broché*.

148. **Dix années du Salon de Peinture et de Sculpture** (1879-1888). Notices

par Georges Lafenestre. Avec 48 eaux-fortes reproduisant les œuvres principales et gravées par les meilleurs artistes. *Paris, libr. des Bibliophiles*, 1889, in-4, *broché.*

149. **Dix-huitième siècle** (Le) galant et littéraire. *Bruxelles, Kistemaeckers, s. d.*, gr. in-8, fig., *broché.*

150. **Documents** sur les mœurs du XVIIIe siècle publiés par O. Uzanne. La Gazette de Cythère. — Anecdotes sur la comtesse Du Barry. — La Chronique scandaleuse. — Les Mœurs secrètes du XVIIIe siècle. *Paris, Quantin*, 1879-1883, 4 vol. gr. in-8, fig., *brochés.*

151. **Douze Facéties** reproduites en fac-similé, avec une Notice bibliographique, l'ordre des Cocus réformés et la patente des Cocus. *Bruxelles, Gay et Doucé*, 1881, gr. in-4, cart., *non rogné.*

152. **Drujon** (F.). Catalogue des ouvrages, écrits et dessins de toute nature, poursuivis, supprimés ou condamnés depuis le 21 octobre 1814 jusqu'au 31 juillet 1877. *Paris, Rouveyre*, 1879. — Essai bibliographique sur la destruction volontaire des livres ou Bibliolytie. *Paris, Quantin*, 1889. Ens. 2 vol. gr. in-8, *brochés.*

153. **Drumont** (Edouard). La France juive. Essai d'histoire contemporaine. Edition illustrée de scènes, vues, portraits, cartes et plans d'après les dessins de nos meilleurs artistes. *Paris, H. Gautier, s. d.*, gr. in-8, cart. toile, tr. dor.

154. **Du Camp** (Maxime). Bons cœurs et Braves gens. Ouvrage illustré de 55 gravures d'après F. de Myrbach et O. Tofani. *Paris, Hachette*, 1893, gr. in-8, *broché.*

155. **Du Camp.** Une Histoire d'amour. Un portrait gravé par A. Lamotte, huit compositions de P. Blanchard, gravées par Buland. *Paris, Conquet*, 1888, pet. in-12, *broché.*

156. **Du Chaillu** (Paul). Le Pays du Soleil de minuit. Voyages d'été en Suède, en Norwège, en Laponie et dans la Finlande septentrionale. Ouvrage illustré d'un grand nombre de vignettes, dont 31 hors texte. *Paris, C. Lévy*, 1882, in-4, *broché.*

157. **Dulaure.** Des Divinités génératrices ou du culte du Phallus chez les anciens et les modernes. *Paris, Belin*, 1885, in-8, pap. de Hollande, *broché.*

158. **Dumas** (Alexandre). Le Chevalier de Maison-Rouge. Illustrations de Julien Le Blant. *Paris, Testard*, 1894, 2 vol. gr. in-8, *brochés*, et album cart.

159. **Dumas** (Alexandre). Les Trois Mousquetaires. Avec une lettre d'Alexandre Dumas fils. Compositions de Maurice Leloir, gravures sur bois de J. Huyot. *Paris, Calmann Lévy*, 1894, 2 vol. gr. in-8, *brochés.*

160. **Dumas** fils (Alexandre). Un Cas de rupture. Illustrations page à page par Eugène Courboin. *Paris, May et Motteroz*, 1892, gr. in-4, pap. vélin, couv. illustrée, *broché*.

161. **Dumas fils**. La Dame aux Camélias. Préface de Jules Janin. Edition illustrée par Gavarni. *Paris, G. Havard*, 1858, gr. in-8, demi-rel. chagrin bleu, tête dor., *non rogné*.

162. **Dumas fils**. La Dame aux Camélias. Préface de J. Janin et nouvelle préface inédite de l'auteur. Illustrations de A. Lynch. *Paris, Quantin*, 1887, in-4, couvert. en coul., *broché*.

163. **Dumas fils**. Péchés de jeunesse. *Paris, Fellens et Dufour*, 1847, in-8, demi-rel. dos et coins de mar. vert, tête dor., éb.

Exemplaire auquel on a ajouté un portrait de Dumas fils, gravé par de *Los Rios*, d'après *E. Giraud*, et un billet autographe adressé à « mon cher Viellot ».

164. **Dumas** fils. La Question du Divorce. *Paris, Calmann Lévy*, 1880, in-8, cart., *non rogné*.

Édition originale avec la couverture.

165. **Dumont** (J.-B.). Les Grands Travaux du Siècle. Ouvrage illustré de 256 gravures. *Paris, Hachette*, 1891, in-4, *broché*.

166. **Dupuy** (Raoul). Historique du 3ᵉ régiment de Hussards, de 1764 à 1887, d'après les Archives du Corps, celles du Dépôt de la Guerre et autres documents originaux. *Paris, Piaget*, 1887, gr. in-8, fig. coloriées, *broché*.

167. **Duruy** (Victor). Histoire des Grecs depuis les temps les plus reculés jusqu'à la réduction de la Grèce en province romaine. Nouvelle édition revue, augmentée et enrichie d'environ 2.000 gravures dessinées d'après l'antique et 50 cartes ou plans. *Paris, Hachette*, 1887-1889, 3 vol. in-4, *brochés*.

168. **Duruy** (Victor). Histoire des Romains, depuis les temps les plus reculés jusqu'à l'invasion des Barbares. Nouvelle édition revue, augmentée et enrichie d'environ 2.500 gravures dessinées d'après l'antique et de 100 cartes ou plans. *Paris, Hachette*, 1879-1885, 7 vol. in-4, *brochés*.

169. **Duval** (Jacques). Traité des Hermaphrodites. Réimprimé sur l'édition unique (Rouen, 1612). *Paris, Liseux*, 1880, in-8, pap. de Holl., *broché*.

170. **Dybowski** (Jean). La Route du Tchad. Du Loango au Chari. Ouvrage illustré de 136 dessins inédits par Mᵐᵉ Paule Crampel, MM. E. Loëvy, Montader, Clément et Bineteau, d'après les dessins et aquarelles de l'auteur. *Paris, Firmin-Didot*, 1893, gr. in-8, *broché*.

171. **Eau** (L'). 23 Compositions par A. Sezanne. Texte par Alph. Daudet, Paul Arène, Charles Yriarte, Henri de Parville, etc. *Paris, Rothschild*, 1889, in-fol., cart., *non rogné*.

172. **Enault** (Louis). Ville et Village d'après B. Auerbach. Ouvrage orné de 124 vignettes. *Paris, Rothschild, s. d.*, pet. in-fol., *broché.*

173. **Ephrussi** (Charles). Albert Dürer et ses dessins. *Paris, Quantin*, 1882, gr. in-4, fig., *broché.*

174. **Ernouf** (baron) et **Alphand**. L'Art des Jardins. Parcs, Jardins, Promenades. Traité pratique et didactique. Troisième édition refondue, avec le concours de A. Alphand. *Paris, Rothschild, s. d.*, gr. in-4, *broché.*

Exemplaire sur PAPIER DU JAPON, illustré de 510 gravures.

175. **Estienne** (Henri). Deux Dialogues du nouveau langage françois italianizé et autrement desguizé, principalement entre les courtisans de ce temps. Réimprimé sur l'édition originale et unique de l'auteur (1578). *Paris, Liseux et Belin*, 1883, 2 vol. in-8, pap. de Hollande, *brochés.*

176. **Etrangers** (Les) à Paris, par MM. L. Desnoyers, J. Janin, Old Nick, Roger de Beauvoir, A. Royer, L. Huart, etc. Illustrations de MM. Gavarni, Th. et Ed. Frère, etc. *Paris, Ch. Warée, s. d.*, gr. in-8, demi-rel. dos et coins de mar. orange, tête dor., *non rogné.*

Exemplaire de PREMIER TIRAGE.

177. **Eudel** (Paul). Les Ombres chinoises de mon père. *Paris, Rouveyre, s. d.*, in-4, fig., cart., tr. dor.

178. **Evangile** (l') de l'enfance de N.-S. J.-C. selon saint Pierre mis en français par Catulle Mendès, d'après le manuscrit de l'abbaye de Saint-Wolfrang. Compositions et encadrement de Carloz Schawbe. *Paris, Armand Colin, s. d.*, in-8, *broché.*

Tiré à 150 exemplaires avec double suite de gravures.
Exemplaire de CATULLE MENDÈS.

179. **Fabre** (Ferdinand). L'Abbé Tigrane, candidat à la Papauté. Un portrait d'après J.-P. Laurens et 20 eaux-fortes originales de E. Rudaux. *Paris, Conquet*, 1890, in-8, *broché.*

180. **Fabre** (Ferdinand). Sylviane. Illustrations de Georges Roux, gravées sur bois, par Baud et Hamel. *Paris, Testard*, 1892, in-8, pap. vélin, *broché.*

181. **Fauques** (Mlle de). L'Histoire de Madame la marquise de Pompadour, réimprimée d'après l'édition originale de 1759, avec une Notice sur le livre et son auteur. *Paris, Moniteur du Bibliophile*, 1879, in-4, portr., demi-rel. dos et coins de mar. bleu, tête dor., *non rogné.*

182. **Favre**. Les Quatre heures de la Toilette des Dames. Poème érotique en quatre chants. Orné de belles figures en taille-douce par Leclerc. *Paris, Lemonnyer*, 1883, gr. in-8, pap. de Holl., *broché.*

183. **Femmes blondes** (Les), selon les peintres de l'École de Venise, par

deux Vénitiens (Armand Baschet et Feuillet de Conches). *Paris, Aubry*, 1865, gr. in-8, demi-rel. dos et coins de mar. La Vallière, dos orné, tête dor., *non rogné*.

Exemplaire tiré sur GRAND PAPIER VERGÉ.

184. **Fertiault** (F.). Les Amoureux du Livre. Sonnets d'un Bibliophile, Fantaisies, Commandements du Bibliophile, Bibliophiliana, Notes et Anecdotes. Seize eaux-fortes par J. Chevrier. *Paris, Claudin*, 1877, gr. in-8, *broché*.

Exemplaire tiré sur GRAND PAPIER TEINTÉ.

185. **Feuillet** (Octave). Monsieur de Camors. Onze compositions par S. Rejchan, gravées à l'eau-forte par Mme Louveau-Rouveyre, MM. Daumont et Duvivier. *Paris, Quantin*, 1885, gr. in-8, *broché*.

186. **Feuillet** (Octave). Le Roman d'un jeune homme pauvre. Dessins de Mouchot, gravés par Méaulle. *Paris, Quantin*, 1887, in-4, *broché*.

187. **Feuillets glanés**, Poésies inédites (par J. Aicard, Th. de Banville, Fr. Coppée, Catulle Mendès, Arm. Silvestre, etc. Eaux-fortes d'après Boucher, Chaplin, Fragonard, Meissonier, Metzu, etc.) *Paris, libr. de l'Art, s. d.*, gr. in-4, cart., tr. dor.

188. **Flammarion** (Camille). Astronomie populaire. Description générale du Ciel. Ouvrage illustré de 360 figures, planches en chromolithographie, cartes célestes, etc. *Paris, Marpon et Flammarion*, 1881, in-4, cart., tr. dor.

189. **Flaubert** (Gustave). Madame Bovary. Mœurs de province. Douze compositions par Albert Fourié, gravées à l'eau-forte par E. Abot et D. Mordant. *Paris, Quantin*, 1885, gr. in-8, *broché*.

190. **Flaubert** (Gustave). Salammbô. Dix compositions par A. Poirson, gravées à l'eau-forte par Mme Louveau-Rouveyre, MM. Muller et Mercier. *Paris, Quantin, s. d.*, gr. in-8, *broché*.

191. **Flore pittoresque** de la France. Publiée sous la direction de J. Rothschild, avec le concours de G. Heusé, Bouquet de la Grye, Stan. Meunier, Pizetta, B. Verlot. Ornée de 1000 gravures et de 82 planches en chromo. *Paris, Rothschild, s. d.*, gr. in-4, *broché*.

192. **Fontane** (Marius). Histoire universelle. *Paris, Lemerre*, 1881-1894, 8 vol. in-8, cartes, *brochés*.

Tomes I à VIII.

193. **Forberg** (Fréd.-Ch.). Manuel d'Erotologie classique. *Paris, Liseux*, 1882, 2 vol. in-8, pap. de Holl., *brochés*.

Très rare.

194. **Forest-Fleury**. Lyon ancien et moderne. Recueil de vues de Lyon à

toutes les époques. 105 planches gravées à l'eau-forte. *Lyon, Dizain et Richard*, 1891, gr. in-4, cart., tête dor., *non rogné.*

195. **Fournel** (Victor). Le Vieux Paris. Fêtes, jeux et spectacles. *Tours, Alfred Mame et fils*, 1887, in-4, fig., demi-rel. dos et coins de mar. orange, tête dor., *non rogné.*

196. **Fraipont** (G.). La Plante. Fleurs, feuillages, fruits, légumes dans la nature et la décoration. Ouvrage orné de 16 aquarelles et de 129 dessins de l'auteur. *Paris, H. Laurens, s. d.* (1896), in-4, couv. illust., *broché.*

197. **France** (Anatole). Abeille, conte. *Paris, Charavay*, 1883, gr. in-4, fig. en couleur, cart., tr. dor.

198. **Froissart** (J.). Les Chroniques. Edition abrégée, avec texte rapproché du français moderne, par Mme de Witt, née Guizot. Ouvrage contenant 11 planches en chromolithographie ; 12 lettres et titres imprimés en couleur, 2 cartes, 33 grandes compositions tirées en noir et 252 gravures d'après les Monuments et les Manuscrits de l'époque. *Paris, Hachette*, 1881, in-4, *broché.*

199. **Gaguin** (Robert). L'Immaculée Conception. Poème (xve siècle). Suivi de Poésies diverses. Traduit pour la première fois, texte latin en regard, par Alcide Bonneau. *Paris, Liseux*, 1885, in-8, *broché.*

200. **Galerie** contemporaine des Illustrations françaises. *Paris, Paul de Lacroix, s. d.*, 8 vol. gr. in-4, demi-rel. dos et coins de mar. rouge, tête dor., *non rognés.*

201. **Galerie** historique des Acteurs français, mimes et paradistes qui se sont rendus célèbres dans les annales des scènes secondaires depuis 1760 jusqu'à nos jours, pour servir de complément à la Troupe de Molière, par E.-D. de Manne et C. Ménétrier. Ornée de portraits gravés à l'eau-forte, par J.-M. Fugère. *Lyon, Scheuring*, 1877, in-8, pap. vergé, demi-rel. dos et coins de mar. rouge, tête dor., *non rogné.*

202. **Galerie** historique des portraits des Comédiens de la Troupe de Molière, gravés à l'eau-forte sur des documents authentiques, par Frédéric Hillemacher. *Lyon, Scheuring*, 1869, in-8, demi-rel. dos et coins de mar. rouge, tête dor., *non rogné.*

203. **Galerie** historique des Comédiens de la Troupe de Nicolet. Notices sur certains acteurs et mimes qui se sont fait un nom dans les Annales des scènes secondaires depuis 1760 jusqu'à nos jours, par E.-D. de Manne et C. Ménétrier, avec des portraits gravés à l'eau-forte, par Frédéric Hillemacher. *Lyon, Scheuring*, 1869, in-8, pap. vergé, demi-rel. dos et coins de mar. rouge, tête dor., *non rogné.*

PREMIÈRE ÉDITION.

204. **Galerie** historique des Comédiens de la Troupe de Talma. Notices

sur les principaux sociétaires de la Comédie Française depuis 1789 jusqu'aux trente premières années de ce siècle, par E.-D. de Manne. Avec des portraits gravés à l'eau-forte par Frédéric Hillemacher. *Lyon, Scheuring*, 1866, in-8, pap. vergé, demi-rel. dos et coins de mar. rouge, tête dor., *non rogné*.

205. **Galerie historique** de la Comédie française pour servir de complément à la Troupe de Talma, depuis le commencement du siècle jusqu'à l'année 1853, par E.-D. de Manne et C. Menetrier. Ornée de portraits gravés à l'eau-forte par M. Fugère. *Lyon, Scheuring*, 1876, in-8, pap. vergé, demi-rel. dos et coins de mar. rouge, tête dor., *non rogné*.

206. **Galerie historique** des portraits des Comédiens de la Troupe de Voltaire, gravés à l'eau-forte, sur des documents authentiques, par Frédéric Hillemacher. Avec des détails biographiques inédits recueillis sur chacun d'eux par E.-D. de Manne. *Lyon, Scheuring*, 1861, in-8, papier vergé, demi-rel. dos et coins de mar. rouge, tête dor., *non rogné*.

PREMIÈRE ÉDITION.

207. **Gallieni.** Deux campagnes au Soudan Français. 1886-1888. *Paris, Hachette*, 1891, gr. in-8, fig., demi-rel. dos et coins de chagrin rouge, tête dor., *non rogné*.

208. **Gautier** (Hippolyte). L'an 1789. Evènements, mœurs, idées, œuvres et caractères. Avec 650 reproductions, par la photogravure sur cuivre, de vignettes, d'estampes et de tableaux de l'époque. *Paris, Delagrave, s. d.*, gr. in-4, *broché*.

209. **Gautier** (Léon). La Chevalerie. Nouvelle édition, avec grandes compositions hors texte par Luc-Olivier Merson, Ed. Zier, G. Jourdain, etc. *Paris, Delagrave, s. d.*, gr. in-8, demi-rel. mar. rouge, dos et plats fleurdelisés, tr. dor.

210. **Gautier** (Théophile). Le Capitaine Fracasse. Avec un Avant-Propos par Mme Judith Gauthier. Dessins de Charles Delort, gravés par Mongin. *Paris, Jouaust*, 1884, 3 vol. pet. in-8, pap. vélin, *brochés*.

211. **Gautier** (Théophile). Les Jeunes-France. Romans goguenards. Frontispice dessiné et gravé par Félicien Rops. *Amsterdam, à l'enseigne du coq*, 1866, pet. in-8, cart., *non rogné*.

Un des 5 exemplaires sur PAPIER DE CHINE.

212. **Gautier** (Théophile). Mademoiselle de Maupin. *Paris, Charpentier*, 1878, in-12, demi-rel. dos et coins de mar. vert, dos orné et mosaïqué, tête dor., *non rogné* (*Bretault*).

L'un des 75 exemplaires tirés sur PAPIER DE HOLLANDE, illustré en tête et sur les marges de 78 jolies aquarelles par *L. Libonis*.

213. **Gavarni.** Masques et Visages. Notice par C.-A. Sainte-Beuve. *Paris, Calmann Lévy, s. d.*, in-fol., cart., *non rogné*.

214. **Gavarni.** Les Parures. — Les Joyaux. Fantaisies. Texte par Méry. Histoire de la Mode et Minéralogie des Dames par le comte Fœlix. *Paris, G. de Gonet et Martinon, s. d.* (1850), 2 vol. gr. in-8, cart., *non rognés.*

Exemplaires de PREMIER TIRAGE, avec les couvertures. Figures sur Chine.

215. **Gheusi** (P.-B.). L'Ame de Jeanne d'Arc. Roman épisodique de la Guerre de Cent ans. Illustrations de Paul Steck, avec des croquis de Charles Willems et 85 gravures sur bois. *Paris, Firmin-Didot*, 1895, in-4, *broché.*

216. **Gill.** L'Eclipse. Nos 1 à 218. *Paris*, 1870-1872, in-fol., demi-rel. chagr. vert, *non rognés.*

Avec les numéros doubles.

217. **Gill.** La Lune. Du 16 Septembre 1866 au 17 Janvier 1868. *Paris*, 1866-1868, in-fol., demi-rel. bas. verte, tr. jasp.

218. **Giraud** (Victor). Les Lacs de l'Afrique équatoriale. Voyage d'exploration exécuté de 1883 à 1885. Ouvrage contenant 161 gravures d'après les dessins de Riou et 2 cartes. *Paris, Hachette*, 1890, gr. in-8, demi-rel. dos et coins de chagr. violet, tête dor., *non rogné.*

219. **Goethe.** Faust. Tragédie. Traduction d'Albert Stapfer, avec une Préface par P. Stapfer. Dessins de J.-P. Laurens, gravés par Champollion. *Paris, libr. des Bibliophiles*, 1885, gr. in-8, *broché.*

220. **Goldsmith** (Olivier). Le Vicaire de Wakefield. — Traduction nouvelle et complète par B.-H. Gausseron. *Paris, Quantin, s. d.*, gr. in-8, fig. en couleur, *broché.*

221. **Goncourt** (Edmond de). Chérie. *Paris, Charpentier*, 1884, in-12, demi-rel. dos et coins de mar. brun, tête dor., *non rogné.*

ÉDITION ORIGINALE. — L'un des 100 exemplaires tirés sur PAPIER DE HOLLANDE.

222. **Goncourt** (Ed. de). La Faustin. *Paris, Charpentier*, 1882, in-12, demi-rel. dos et coins de mar. brun, tête dor., *non rogné.*

ÉDITION ORIGINALE. — Exemplaire tiré sur PAPIER DE HOLLANDE.

223. **Goncourt** (Ed. de). Les Frères Zemganno. *Paris, Charpentier*, 1879, in-12, demi-rel. dos et coins de mar. brun, tête dor., *non rogné.*

ÉDITION ORIGINALE. — L'un des 100 exemplaires tirés sur PAPIER DE HOLLANDE.

224. **Goncourt** (Ed. de). Madame Saint-Huberty, d'après sa correspondance et ses papiers de famille. *Paris, Charpentier*, 1885, in-12, demi-rel. dos et coins de mar. brun, tête dor., *non rogné.*

ÉDITION ORIGINALE. — L'un des 50 exemplaires tirés sur PAPIER DE HOLLANDE.

225. **Goncourt** (Ed. de). Mademoiselle Clairon, d'après ses correspondances et les rapports de police du temps. *Paris, Charpentier*, 1890, in-12, demi-rel. dos et coins de mar. brun, tête dor., *non rogné.*

ÉDITION ORIGINALE. — L'un des 50 exemplaires tirés sur PAPIER DE HOLLANDE.

226. **Goncourt** (Ed. de). Outamaro. Le Peintre des maisons vertes. *Paris, Charpentier*, 1891, in-12, demi-rel. dos et coins de mar. brun, tête dor., *non rogné.*

ÉDITION ORIGINALE. — L'un des 25 exemplaires tirés sur PAPIER DE HOLLANDE.

227. **Goncourt** (Jules de). Lettres. — Fac-similé de lettre. Portrait d'après un émail de Claudius Popelin, gravé à l'eau-forte par E. Abot. *Paris, Charpentier*, 1885, in-12, demi-rel. dos et coins de mar. brun, tête dor., *non rogné.*

ÉDITION ORIGINALE. — L'un des 10 exemplaires tirés sur PAPIER DU JAPON.

228. **Goncourt** (Edmond et Jules de). L'Art du dix-huitième siècle. *Paris, Rapilly*, 1873, 2 vol. in-8, cart., *non rognés.*

PAPIER VERGÉ TEINTÉ. Envoi d'Edmond de Goncourt à Ernest Daudet.

229. **Goncourt** (Ed. et J. de). L'Art du XVIIIe siècle. *Paris, Charpentier*, 1881-1882, 3 vol. in-12, demi-rel. dos et coins de mar. brun, tête dor., *non rognés.*

L'un des 50 exemplaires tirés sur PAPIER DE HOLLANDE.

230. **Goncourt** (Ed. et J. de). La Du Barry. Nouvelle édition revue et augmentée de lettres et documents inédits. *Paris, Charpentier*, 1878, in-12, demi-rel. dos et coins de mar. brun, tête dor., *non rogné.*

L'un des 50 exemplaires tirés sur PAPIER DE HOLLANDE.

231. **Goncourt** (Ed. et J. de). La Duchesse de Châteauroux et ses sœurs. Nouvelle édition, revue et augmentée de lettres et documents inédits. *Paris, Charpentier*, 1879, in-12, demi-rel. dos et coins de mar. brun, tête dor., *non rogné.*

L'un des 50 exemplaires tirés sur PAPIER DE HOLLANDE.

232. **Goncourt** (Ed. et J. de). La Femme au dix-huitième siècle. Nouvelle édition. *Paris, Firmin-Didot*, 1887, in-4, fig., *broché.*

233. **Goncourt** (Ed. et J. de). Germinie Lacerteux. Dix compositions par Jeanniot, gravées à l'eau-forte par L. Muller. *Paris, Quantin*, 1886, gr. in-8, *broché.*

234. **Goncourt** (Ed. et J. de). Histoire de la Société française pendant la Révolution. *Paris, Dentu*, 1854. — Histoire de la Société française pendant le Directoire. *Paris, Dentu*, 1855, 2 vol. gr. in-8, demi-rel. cart., *non rognés.*

ÉDITIONS ORIGINALES.

235. **Goncourt** (Ed. et J. de). Histoire de la Société française pendant la Révolution. *Paris, Charpentier*, 1880, in-12, demi-rel. dos et coins de mar. brun, tête dor., *non rogné.*

L'un des 50 exemplaires tirés sur PAPIER DE HOLLANDE.

236. **Goncourt** (Ed. et J. de). Histoire de la Société française pendant la

Révolution. *Paris, Quantin*, 1889, pet. in-fol., fig. noires et color., *broché*.

237. Goncourt (Ed. et J. de). Histoire de la Société française pendant le Directoire. *Paris, Charpentier*, 1880, in-12, demi-rel. dos et coins de mar. brun, tête dor., *non rogné*.

L'un des 50 exemplaires tirés sur PAPIER DE HOLLANDE.

238. Goncourt (Ed. et J. de). Histoire de Marie-Antoinette. Nouvelle édition revue et augmentée de lettres inédites et de documents nouveaux. *Paris, Charpentier*, 1878, in-12, demi-rel. dos et coins de mar. brun, tête dor., *non rogné*.

L'un des 75 exemplaires tirés sur PAPIER DE HOLLANDE.

239. Goncourt (Ed. et J. de). Histoire de Marie-Antoinette. Edition ornée d'encadrements par Giacomelli et de 12 planches hors texte. *Paris, Charpentier*, 1878, gr. in-8, demi-rel. dos et coins de mar. rouge, tête dor., *non rogné*.

240. Goncourt (Ed. et J. de). Idées et Sensations. *Paris, Lacroix, Verboeckoven*, 1866, gr. in-8, demi-rel. chagr. rouge, *non rogné*.

ÉDITION ORIGINALE.

241. Goncourt (Ed. et J. de). Journal des Goncourt. *Paris, Charpentier*, 1887-1892, 6 vol. in-12, portr., demi-rel. dos et coins de mar. brun, tête dor., *non rognés*.

ÉDITION ORIGINALE. — L'un des 50 exemplaires tirés sur PAPIER DE HOLLANDE.

242. Goncourt (Ed. et J. de). Madame de Pompadour. Nouvelle édition illustrée de 55 reproductions sur cuivre et de deux planches en couleur, par Quinsac. *Paris, Firmin-Didot*, 1888, in-4, *broché*.

243. Goncourt (Ed. et J. de). Pages retrouvées. Préface de Gustave Geffroy. *Paris, Charpentier*, 1886, in-12, demi-rel. dos et coins de mar. brun, tête dor., *non rogné*.

ÉDITION ORIGINALE. — L'un des 50 exemplaires tirés sur PAPIER DE HOLLANDE.

244. Goncourt (Ed. et J. de). Portraits intimes du dix-huitième siècle. Etudes nouvelles d'après les lettres et les documents inédits. *Paris, Charpentier*, 1878, in-12, demi-rel. dos et coins de mar. brun, tête dor., *non rogné*.

L'un des 50 exemplaires tirés sur PAPIER DE HOLLANDE.

245. Goncourt (Ed. et J. de). Renée Mauperin. Edition ornée de 10 compositions à l'eau-forte par James Tissot. *Paris, Charpentier*, 1884, gr. in-8, demi-rel. dos et coins de mar. brun, dos orné, tête dor., *non rogné*.

PAPIER DE HOLLANDE.

246. **Goncourt** (Ed. et J. de). Sœur Philomène. *Paris, Charpentier*, 1876, in-12, demi-rel. dos et coins de mar. brun, tête dor., *non rogné.*

L'un des 25 exemplaires tirés sur PAPIER DE HOLLANDE.

247. **Goncourt** (Ed. et J. de). Sophie Arnould d'après sa Correspondance et ses Mémoires inédits. *Paris, Dentu*, 1877, in-4, texte encadré, portr., cart., *non rogné.*

248. **Goncourt** (Ed. et J. de). Sophie Arnould d'après sa Correspondance et ses Mémoires inédits. *Paris, Charpentier*, 1885, in-12, demi-rel. dos et coins de mar. brun, tête dor., *non rogné.*

L'un des 50 exemplaire tirés sur PAPIER DE HOLLANDE.

249. **Goncourt** (Ed. et J. de). Théâtre. Henriette Maréchal. — La Patrie en danger. *Paris, Charpentier*, 1879, in-12, demi-rel. dos et coins de mar. brun, tête dor., *non rogné.*

ÉDITION ORIGINALE collective. — L'un des 50 exemplaires tirés sur PAPIER DE HOLLANDE.

250. **Gourdault** (Jules). Au Pays des Czars. Contes russes adaptés par J. Gourdault. Ouvrage illustré de 59 gravures dont 9 hors texte, d'après les dessins de Mès. *Paris, Jouvet, s. d.*, in-4, *broché.*

251. **Gourdault.** Du Nord au Midi. Zigzags et Impressions d'un touriste. Ouvrage illustré de nombreuses gravures dans le texte et de 8 eaux-fortes. *Paris, Rouam*, 1884, pet. in-fol., cart., tr. dor.

252. **Grad** (Charles). L'Alsace. — Le pays et ses habitants. Ouvrage contenant 386 gravures et 17 cartes. *Paris, Hachette*, 1889, pet. in-fol., *broché.*

253. **Gréard** (O.). Jean-Louis-Ernest Meissonier, ses souvenirs, ses entretiens. Précédé d'une étude sur sa vie et son œuvre par M. O. Gréard. *Paris, Hachette*, 1897, in-4, *broché.*

Nombreuses planches hors texte, et vignettes d'après les dessins ou tableaux du maître.

254. **Greely** (Adolphus-W.). Dans les glaces arctiques. Relation de l'expédition américaine à la baie de Lady Franklin, 1881-1884. Traduit de l'anglais par Mme L. Trigant, et contenant 130 gravures sur bois et 4 cartes. *Paris, Hachette*, 1889, in-4, *broché.*

255. **Grosclaude.** Un Parisien à Madagascar. Aventures et impressions de voyage. Ouvrage illustré de 138 gravures. *Paris, Hachette*, 1898, in-4, *broché.*

256. **Gué** (Paul). Cœurs blessés. Illustrations de H. Vogel. *Paris, Hachette*, 1895, in-4, *broché.*

257. **Guillemin** (Amédée). Le Monde Physique. *Paris, Hachette*, 1881-1885, 5 vol. in-4, fig. noires et en couleur, *brochés.*

258. **Gyp.** Les Chasseurs. Dessins de Crafty. *Paris, Calmann Lévy*, 1888, in-4, *broché*.

259. **Hacks** (Charles). Le Geste. Illustrations de Lanos. *Paris, Marpon et Flammarion*, s. d., gr. in-8, *broché*.

260. **Halévy** (Ludovic). La Famille Cardinal. Illustrations de Ch. Léandre. *Paris, Testard*, 1893, gr. in-8, *broché*.

On a ajouté la suite des EAUX-FORTES par *Louis Muller*, gr. in-8, cart.

261. **Halévy** (Ludovic). Mariette. Quarante compositions de Henry Somm. *Paris, Conquet*, 1893, gr. in-8, *broché*.

Sur le faux-titre, une aquarelle de *Henry Somm*.

262. **Hamilton** (Antoine). Mémoires du comte de Grammont. Un portrait de A. Hamilton et 33 compositions de C. Delort, gravés par L. Boisson. *Paris, Conquet*, 1888, in-4, *broché*.

263. **Hennique** (Léon). Les Hauts faits de M. de Ponthau. Illustré de gravures hors texte par Benj. Constant, Gervex, Lgomar, etc., tirées par Salmon. *Paris, Dervcaux*, 1880, in-8, demi-rel. chagr. violet, *non rogné*.

Exemplaire tiré sur PAPIER DE HOLLANDE, avec les figures AVANT LA LETTRE.

264. **Henriot.** L'Année Parisienne. Texte et Dessins. *Paris, Conquet*, 1894, in-12, *broché*.

265. **Henriot.** Napoléon aux Enfers. Illustrations par l'auteur. *Paris, Conquet*, 1895, in-12, *broché*.

266. **Hervilly** (Ernest d'). Héros légendaires. Leur véritable histoire. Édition illustrée de 168 dessins de Henri Pille. *Paris, Lemerre, s. d.*, gr. in-8, cart., tr. dor.

267. **Histoire** de l'École navale et des Institutions qui l'ont précédée, par un ancien officier. Quarante compositions hors texte par Paul Jazet, gravées par Meaulle. *Paris, Quantin*, 1889, gr. in-8, couv. illustrée, *broché*.

268. **Histoire** de la Russie, par un ancien officier d'artillerie russe. Ouvrage contenant 21 gravures hors texe de Antocolsky, Georges Becker, Caran d'Ache, N. Gritsenko, Serge de Savine. *Paris, Flammarion*, 1895, in-4, cart., tr. jasp.

269. **Histoire** du Père La Chaize, jésuite et confesseur du roi Louis XIV, où l'on verra les intrigues secrettes qu'il a eues à la Cour de France, ses Amours avec plusieurs dames de la première qualité. *Bruxelles, H. Kistemaeckers*, 1719 (1884). 2 vol. in-8, portr., *brochés*.

270. **Hocquard** (Dr). Une Campagne au Tonkin. Ouvrage contenant 247 gravures et 2 cartes. *Paris. Hachette*, 1892, gr. in-8, *broché*.

271. **Houssaye** (Arsène). Histoire du 41e fauteuil de l'Académie française, 20 Portraits à l'eau-forte. *Paris, Dentu*, 1882, gr. in-8, papier de Holl., *broché*.

272. **Houssaye** (Arsène). Le Roi Voltaire, *Paris, Plon*, 1860, gr. in-8, portr., demi-rel. veau fauve, tr. jasp.

273. **Hugo** (Victor). Notre-Dame de Paris. Sculpture de Falguière. Composition de Bieler, Falguière, Myrbach et Rossi, gravées par Ch. Guillaume. *Paris, Ed. Guillaume*, 1888, in-12, *broché*, emboîtage.

274. **Hugo** (Victor). ŒUVRES. Edition Nationale. *Paris, Lemonnyer et Testard*, 1885-1893, 44 vol. en 220 fasc. in-4, fig., *brochés* et 3 albums.

275. **Hurtado de Mendoza**. Vie de Lazarille de Tormès. Traduction nouvelle et Préface de A. Morel-Fatio. Nombreuses illustrations et eaux-fortes de Maurice Leloir. *Paris, Launette*, 1886, gr. in-8, *broché*.

276. **Huysmans** (J.-K.). Croquis parisiens. Eaux-fortes par Forain et Raffaelli. *Paris, Vaton*, 1880, in-8, papier de Holl., demi-rel. chagrin violet, tête dor., *non rogné*.

277. **Hymans** (Louis). Bruxelles à travers les âges. *Bruxelles, Bruylant-Christophe, s. d.*, 3 vol. pet. in-fol., fig., *brochés*.

278. **Iconographie** des Estampes à sujets galants et des portraits des femmes célèbres par leur beauté. *Genève, Gay et fils*, 1868, gr. in-8, demi-rel. chagrin vert, tête dor., *non rogné*.

279. **Ideville** (comte H. d'). Gustave Courbet. Notes et Documents sur sa vie et son œuvre. Avec huit eaux-fortes par A. P. Martial et un dessin par Édouard Manet. *Paris, bureau de Paris-Gravé*, 1878, in-4, *broché*.

280. **Imitation** (Les quatre livres de l') de Jésus-Christ. Traduction de Michel de Marillac, publiée par les soins de D. Jouaust. Préface par M. E. Caro. Dessins hors texte par Henry Lévy, gravés à l'eau-forte par Waltner. Ornements par H. Giacomelli. *Paris, libr. des Bibliophiles*, 1875, gr. in-8, pap. de Holl., *broché*.

281. **Imbert de Saint-Amand**. La Cour de Charles X. *Paris, Dentu*, 1892, in-4, fig., *broché*.

Illustrations d'après les documents historiques.

282. **Imbert de Saint-Amand**. La Cour de l'Impératrice Joséphine. *Paris, Dentu*, 1889, in-4, fig., *broché*.

Belles illustrations.

283. **Imbert de Saint-Amand**. La Cour de Louis XVIII. *Paris, Dentu*, 1891, in-4, fig., *broché*.

Volume illustré d'après les documents de l'époque.

284. **Imbert de Saint-Amand**. Les Femmes de Versailles. La Cour de Louis XIV et la Cour de Louis XV. *Paris, Dentu*, 1886, gr. in-8, fig., *broché*.

Belles et curieuses illustrations historiques.

285. **Imbert de Saint-Amand**. Les Femmes de Versailles. La Cour de Marie-Antoinette. *Paris, Dentu*, 1887, gr. in-8, fig., *broché*.

Belles et curieuses illustrations historiques.

286. **Imbert de Saint-Amand**. Les Femmes des Tuileries. Les Dernières années de Marie-Antoinette. *Paris, Dentu*, 1889, gr. in-8, fig., *broché*.

Curieuses illustrations.

287. **Imbert de Saint-Amand**. La Jeunesse de Louis-Philippe et de Marie-Amélie. *Paris, Dentu*, 1894, in-4, fig., *broché*.

Illustré d'après les documents historiques de l'époque.

288. **Janin** (Jules). L'Ane mort et la Femme guillotinée. Deuxième édition. *Paris, Delangle*, 1830, pet. in-12, demi-rel. dos et coins de chagr. vert, tête dor., *non rogné*.

Couverture conservée.

289. **Janin** (Jules). L'Ane mort. Edition illustrée par Tony Johannot. *Paris, Bourdin*, 1842, gr. in-8, demi-rel. chagr. rouge, tête dor., *non rogné*.

Exemplaire de premier tirage.

290. **Janin** (Jules). Voyage de Paris à Dieppe. Orné d'un grand nombre de vignettes. *Paris, Bourdin, s. d.*, in-12, demi-rel. dos et coins de chagr. bleu, tête dor., *non rogné*.

291. **Joinville** (Jean, sire de). Histoire de Saint Louis. Credo et Lettre à Louis X. Texte original, accompagné d'une traduction par Natalis de Wailly. *Paris, Firmin-Didot*, 1874, gr. in-8, figures et fac-similé, *broché*.

292. **Journal** d'Agriculture pratique. *Paris, libr. agricole*, 1883-1896, 25 vol. gr. in-8, fig., cart.

Années 1883 à 1895 et 1896 (1er semestre). — Manquent les deuxièmes semestres des années 1883 et 1884.

293. **Jousset** (P.). Un Tour de Méditerranée. De Venise à Tunis, par Athènes, Constantinople et le Caire. 150 illustrations d'après nature et 8 aquarelles par R. de la Nezière. *Paris, May et Motteroz, s. d.*, in-4, cart., tr. dor.

294. **Jullien** (Adolphe). La Comédie à la Cour. Les Théâtres de société royale pendant le dernier siècle. *Paris, Firmin-Didot*, 1883, in-4, fig., *broché*.

295. **Jullien**. La Comédie et la Galanterie au XVIIIe siècle. L'Opéra secret,

1770-1794. — La Ville et la Cour au XVIIIe siècle. *Paris, Rouveyre*, 1879, 3 vol. in-8, *broché.*

PAPIER DE HOLLANDE. Eaux-fortes de *L. Rouveyre* et de *Malval.*

296. **Kalyana Malla.** Ananga-Ranga. Traité hindou de l'amour conjugal (XVIe siècle). Traduit sur la première version anglaise (Cosmopoli, 1885), par Is. Liseux. *Paris, Liseux*, 1886, in-8, *broché.*

297. **Koch** (Ch.-Paul de). La Grande Ville. Nouveau Tableau de Paris, comique, critique et philosophique. Illustrations de Gavarni, V. Adam, Daumier, d'Aubigny, etc. *Paris, au Bureau des publications nouvelles*, 1842, 2 tomes en un vol. gr. in-8, demi-rel. chagr. noir, tr. jasp.

298. **Kurth** (Godefroid). Clovis. *Tours, Mame et fils*, 1896, in-4, fig., *broché.*

Illustrations hors-texte par *Rochegrosse, Luminais, Cormon*, etc., et nombreuses vignettes dans le texte.

299. **Laborde.** Choix de Chansons mises en musique. Ornées d'estampes en taille-douce (d'après Moreau et autres). *Rouen, J. Lemonnyer*, 1881, 4 vol. gr. in-8, pap. de Holl., musique notée, *brochés.*

300. **La Bruyère.** Les Caractères. Réimpression de l'édition de 1696. Précédée d'une Introduction par Louis Lacour. *Paris, Jouaust*, 1873, 2 vol. in-8, portr., *brochés.*

301. **Lacroix** (Paul). Les Arts au Moyen âge et à l'époque de la Renaissance. Ouvrage illustré de 19 planches chromolithographiques et de 400 gravures sur bois. *Paris, Firmin-Didot*, 1874, in-4, demi-rel. chagr. rouge, plats ornés, tr. dor.

302. **Lacroix** (Paul). Mœurs, Usages et Costumes au Moyen âge et à l'époque de la Renaissance. Ouvrage illustré de 15 planches chromolithographiques et de 440 gravures. *Paris, Firmin-Didot*, 1874, in-4, demi-rel. chagr. rouge, plats ornés, tr. dor.

303. **Lacroix** (Paul). Sciences et Lettres au Moyen âge et à l'époque de la Renaissance. Ouvrage illustré de treize chromolithographies et de 400 gravures sur bois. *Paris, Firmin-Didot*, 1877, in-4, demi-rel. chagr. rouge, plats ornés, tr. dor.

304. **Lacroix** (Paul). Vie militaire et religieuse au Moyen âge et à l'époque de la Renaissance. Ouvrage illustré de 14 chromolithographies et de 410 gravures sur bois. *Paris, Firmin-Didot*, 1873, in-4, demi-rel. chagr. rouge, plats ornés, tr. dor.

305. **Lacroix** (Paul). Dix-septième siècle. Institutions, Usages et Costumes. France. 1590-1700. Ouvrage illustré de 16 chromolithographies et de 300 gravures sur bois (dont 20 tirées hors texte). *Paris, Firmin-Didot*, 1890, in-4, demi-rel. chagr. rouge, plats ornés, tr. dor.

306. **Lacroix** (Paul). Dix-septième siècle. Lettres, Sciences et Arts. France. 1590-1700. Ouvrage illustré de 300 gravures sur bois, dont 16 tirées hors texte. *Paris, Firmin-Didot*, 1882, in-4, demi-rel. chagr. rouge, plats ornés, tr. dor.

307. **Lacroix** (Paul). Dix-huitième siècle. Institutions, Usages et Costumes. France. 1700-1789. Ouvrage illustré de 21 chromolithographies. *Paris, Firmin-Didot*, 1875, in-4, demi-rel. chagr. rouge, plats ornés, tr. dor.

308. **Lacroix** (Paul). Dix-huitième siècle. Lettres, Sciences et Arts. France. 1700-1789. Ouvrage illustré de 16 chromolithographies et de 250 gravures sur bois. *Paris, Firmin-Didot*, 1878, in-4, demi-rel. chagr. rouge, plats ornés, tr. dor.

309. **Lacroix** (Paul). Directoire, Consulat et Empire. Mœurs et Usages, Lettres, Sciences et Arts. France 1795-1815. *Paris, Firmin-Didot*, 1884, in-4, fig., *broché.*

310. **La Fayette** (Mme de). La Princesse de Clèves. Préface par Anatole France. Un portrait et douze compositions de Jules Garnier, gravés par A. Lamotte. *Paris, Conquet*, 1889, in-8, pap. vélin, *broché.*

311. **Lafenestre** (Georges). La Vie et l'Œuvre de Titien. *Paris, Quantin*, *s. d.*, in-fol., pl., cart., *non rogné.*

312. **La Fontaine.** Contes et nouvelles en vers. *Lyon, Scheuring*, 1874-1875, 2 vol. in-8, portr., fig., vign. et culs-de-lampe, demi-rel. dos et coins de mar. rouge, tête dor., *non rognés.*

313. **La Fontaine.** Contes et nouvelles en vers, ornés d'estampes d'Honoré Fragonard, Monnet, Touzé et Milius, gravées d'après les dessins originaux par Le Rat, Milius, Mongin et R. de Los Rios. *Paris, Rouquette*, 1883, 2 vol. gr. in-8, *brochés.*

314. **La Fontaine.** Fables. Publiées par D. Jouaust. Avec une Introduction par Saint-René Taillandier; ornées de douze dessins originaux de Bodmer, J. L. Brown, Daubigny, Detaille, Gérome, Leloir, etc. Portrait gravé par Flameng. *Paris, libr. des Bibliophiles*, 1873, 2 vol. gr. in-8, pap. de Holl., *brochés.*

315. **La Fontaine.** Fables, réimprimées sur l'édition de 1678-1694, et précédées de Recherches sur les Fables de la Fontaine par Paul Lacroix. Portrait gravé à l'eau-forte par L. Flameng. *Paris, Jouaust*, 1875, 2 vol. in-8, *brochés.*

316. **La Fontaine.** Fables. Illustrées à l'eau-forte par A. Delierre. *Paris, Quantin*, 1883, 2 vol. gr. in-4, *en livraisons.*

Exemplaire de luxe tiré à 150 sur Tori-no-ko (nº 148).

317. **La Fontaine.** Choix de Fables de la Fontaine, illustrées par un groupe des meilleurs artistes de Tokio sous la Direction de P. Barbouteau. *Tokio, S. Maguta*, 1894, 2 vol. gr. in-8, *brochés*.

318. **La Fontaine.** Œuvres, d'après les textes originaux, suivies d'une Notice sur sa vie et ses ouvrages, d'une Étude bibliographique, de Notes, de Variantes, etc., par Alphonse Pauly. Fables, Contes, Psyché, Lettres, etc. *Paris, Lemerre*, 1875-1877, 4 vol. in-8, papier de Holl., vélin blanc, *non rognés*.

Exemplaire auquel on a ajouté ; la suite des 72 eaux-fortes d'après *Oudry* pour illustrer les Fables et celle des 40 eaux-fortes d'après *Fragonard* et *Lancret* pour illustrer les Contes.

319. **Lallemand** (Charles). Tunis et ses environs. Texte et dessins d'après nature. 150 aquarelles tirées en couleur. *Paris, Quantin*, 1890, gr. in-4, *broché*.

320. **Lallemand.** La Tunisie pays de protectorat français. Texte et dessins par Charles Lallemand. Aquarelles tirées en couleur. *Paris, Quantin*, 1892, in-4, *broché*.

321. **Lamartine.** Graziella. Avec une Préface par L. de Ronchaud. Dessins de Bramtot, gravés par Champollion. *Paris, Jouaust*, 1886, in-8, pap. vélin, *broché*.

322. **Lamartine.** Raphaël. Pages de la vingtième année. Dix compositions par Ad. Sandoz, gravées à l'eau-forte par Champollion. *Paris, Quantin, s. d.*, gr. in-8, *broché*.

323. **Lami** (E.-O). Voyages pittoresques et techniques en France et à l'Etranger. Préface de M. Léon Say. Le Nord de la France et Excursions en Belgique. *Paris, Jouvet*, 1892, in-4, *broché*.

324. **Larchey** (Lorédan). Les Cahiers du capitaine Coignet (1776-1850), publiés d'après le manuscrit original. Illustrés par J. Le Blant. *Paris, Hachette*, 1888, gr. in-4, *broché*.

325. **Larchey.** Les Cahiers du Capitaine Coignet, 1776-1850. *Paris, Hachette*, 1896, gr. in-8, *broché*.

84 gravures en noir et en couleur d'après les dessins de *Julien Le Blant*.

326. **Le Bon** (Dr Gustave). Les Civilisations de l'Inde. Ouvrage illustré de 7 chromolithographies, 2 cartes et 350 gravures et héliogravures. *Paris, Firmin-Didot*, 1887, in-4, *broché*.

327. **Le Faure** (Georges). Les Aventures de Sidi-Froussard : Hai-Dzuong, Hanoï, Sontay, Bac-Ninh, Hong-Hoa. Ouvrage orné de 175 dessins inédits par F. Fau et L. Vallet, et accompagné de 8 cartes ou plans. *Paris, Firmin-Didot*, 1891, in-4, couv. ill., *broché*.

328. **Le Fèvre** (Jules). Les Martyrs d'Arezzo. *Paris, Firmin-Didot*, 1885, 2 vol. gr. in-8, *brochés*.

329. **Lefèvre-Deumier.** Œuvres d'un Désœuvré. Prose et Poésies. *Paris, Firmin-Didot*, 1886, 2 vol. gr. in-8, *brochés*.

330. **Lefèvre-Deumier.** Poésies. Les Mois et les Jours. *Paris, Firmin-Didot*, 1888, gr. in-8, *broché*.

331. **Lefèvre-Deumier.** Sir Lionel d'Arquenay. Avec Notice biographique sur l'auteur, par Paul Lacroix. *Paris, Firmin-Didot*, 1884, 2 vol. gr. in-8, *brochés*.

332. **Lemaistre** (Alexis). Nos Jeunes filles aux examens et à l'école. Texte et dessins d'après nature. Ouvrage illustré de 45 gravures hors texte. *Paris, Firmin-Didot*, 1891, gr. in-8, *broché*.

333. **Lemercier de Neuville** (L.). Théâtre des Pupazzi. *Lyon, Scheuring*, 1876, in-8, portr. et vign., *broché*.

334. **Lemonnier** (Camille). La Belgique. Ouvrage contenant 323 gravures sur bois et une carte. *Paris, Hachette*, 1888, pet. in-fol., *broché*.

Envoi d'auteur.

335. **Lentheric** (Charles). Du Saint-Gothard à la mer. Le Rhône. Histoire d'un fleuve. Ouvrage renfermant 17 cartes et plans. *Paris, Plon, Nourrit*, 1892, 2 vol. gr. in-8, *brochés*.

336. **Le Petit** (Jules). Bibliographie des principales éditions originales du XVe au XVIIIe siècle. Ouvrage contenant environ 300 fac-similés de titres des livres décrits. *Paris, Quantin*, 1888, gr. in-8, *broché*.

Envoi d'auteur.

337. **Léris** (G. de). L'Italie du Nord. *Paris, Quantin*, 1889, gr. in-4, fig., *broché*.

338. **Letainturier-Fradin.** Le Duel à travers les âges. Histoire et Législation. — Duels célèbres. — Code du Duel. Avec une Préface de A. Tavernier. *Paris, Flammarion*, 1892, gr. in-8, fig., *broché*.

339. **Liégeard** (Stephen). La Côte d'azur. *Paris, Quantin*, 1888, pet. in-fol., fig., *broché*.

340. **Livre d'Or du Salon de Peinture et de Sculpture.** Catalogue descriptif des œuvres récompensées et des principales œuvres hors concours, rédigé par Georges Lafenestre et orné de planches à l'eau-forte. *Paris, librairie des Bibliophiles*, 1887-1891, 5 vol. in-4, *brochés*.

Les IXe-XIIIe années seules.

341. **Livre des Ballades.** Soixante ballades choisies par Th. de Banville,

P. Gringoire, La Fontaine, Cl. Marot, Villon, etc. *Paris, Lemerre*, 1876, pet. in-8, *broché*.

L'un des 50 exemplaires tirés sur PAPIER WHATMAN. [341]

342. **Loir** (Maurice). Au Drapeau. Récits militaires extraits de Mémoires, avec une préface par Georges Duruy et un tableau historique des régiments français. *Paris, Hachette*, 1897, in-4, *broché*. 7,50

Illustrations en couleur de *Julien Le Blant*.

343. **Loir** (Maurice). Gloires et Souvenirs maritimes d'après les Mémoires ou les Récits de Baudin, de Bonaparte, du Vice-Amiral Courbet, d'Alphonse Daudet, etc. *Paris, Hachette*, 1895, in-4, fig., *broché*. 6,50

344. **Loir** (Maurice). La Marine Française, illustration de L. Couturier et J. Montenard. *Paris, Hachette*, 1893, in-4, *broché*. [344] 16

345. **Longus**. Daphnis et Chloé. Compositions de Raphaël Collin, gravées à l'eau-forte par Champollion. Préface par Jules Claretie. *Paris, Launette*, 1890, gr. in-8, pap. vélin, *broché*. [345] 34

346. **Lorentz**. Polichinel, ex-roi des Marionnettes devenu philosophe. *Paris, Willermy*, 1848, in-8, fig., cart. toile gaufrée, tr. dor. 7

347. **Lortet** (D^r^). La Syrie d'aujourd'hui. Voyages dans la Phénicie, le Liban et la Judée (1875-1880). Ouvrage contenant 364 gravures, une carte de la Palestine et 8 autres cartes. *Paris, Hachette*, 1884, in-fol., *broché*. 10

348. **Loti** (Pierre). Madame Chrysanthème. Sculpture de Falguière. Illustrations de Rossi et de Myrbach, gravées par Ch. Guillaume. *Paris, Ed. Guillaume*, 1888, in-12, *broché*, emboîtage. [348] 25

349. **Loti** (Pierre). Le Mariage de Loti. Illustrations de l'auteur et de Robaudi. *Paris, Calmann Lévy*, 1898, gr. in-8, *broché*. [349] 11

350. **Louvet de Couvray**. Amour du Chevalier de Faublas. Nouvelle édition ornée de 4 jolies gravures d'après Marillier. *Paris, chez tous les libraires* [*Lemonnyer*], 1884, 4 vol. in-16, pap. de Holl., *brochés*. 10

351. **Lumholtz** (Carl). Au Pays des Cannibales. Voyage d'exploration chez les indigènes de l'Australie orientale, 1880-1884, traduit par Molard, contenant 154 gravures et 2 cartes. *Paris, Hachette*, 1890, gr. in-8, demi-rel. dos et coins de chagr. rouge, tête dor., *non rogné*. 4

352. **Magnier** (Maurice). L'Épousée. — La Danseuse, illustrations dans le texte, par A. Guillaumot fils. *Paris, Lemonnyer*, 1884-1885, 2 vol. gr. in-8, cart., *non rognés*. 4,50

353. **Mainard** (Louis). Une Cousine d'Amérique. Illustré de cent dessins de Kauffmann. *Paris, Charavay, s. d.*, gr. in-8, *broché*. 3

354. **Maindron** (Ernest). Le Champ de Mars, 1751-1889. Ouvrage illustré de 70 lettres ornées par Jules Adeline et de 114 reproductions d'après les documents originaux. *Paris, Baschet*, 1889, gr. in-8, *broché*.

355. **Marguerite** d'Angoulême, reine de Navarre. L'Heptameron des Nouvelles. Publié sur les manuscrits par les soins et avec les notes de MM. Le Roux de Lincy et A. de Montaiglon. *Paris, Eudes*, 1880, 4 vol. in-8, demi-rel. dos et coins de mar. vert, tête dor., non rognés.

Exemplaire tiré sur PAPIER DE HOLLANDE, contenant la suite des figures gravées d'après *Freudenberg*.

356. **Marin** (Auguste). Les Chansons du large. *Paris, Dalou*, 1888, in-4, *broché*.

357. **Marius** (Prosper). Ronces et Gratte-Culs. Ornés de 25 gravures en taille-douce. Préface de Charles Monselet. *Paris, Lemonnyer*, 1884, in-4, *broché*.

358. **Marmontel**. La Neuvaine de Cythère. Avec Notice par Ch. Monselet, illustrée du portrait de l'auteur et de 9 vignettes dessinées par Fesquet. *Paris, Barraud*, 1870, in-4, *broché*.

L'un des 35 exemplaires tirés sur PAPIER DE HOLLANDE.

359. **Martel** (E.-A.). Les Cévennes et la région des Causses (Lozère, Aveyron, Hérault, Gard, Ardèche), avec 140 gravures d'après les dessins de G. Vuillier. *Paris, Delagrave*, 1890, gr. in-8, *broché*.

360. **Martin** (Henri). Charlemagne et l'Empire carolingien. Ouvrage illustré de 26 gravures sur bois. *Paris, Jouvet*, 1893, gr. in-8, *broché*.

361. **Massimi** (Poète d'Ascoli, XVe siècle). Hecatalegium, ou les Cent Élégies satiriques et gaillardes. Littéralement traduit pour la première fois, texte latin en regard. *Paris, Liseux*, 1885, gr. in-8, *broché*.

362. **Masuccio** (de Salerne). Nouvelles choisies (XVe siècle), littéralement traduites pour la première fois par Alcide Bonneau. *Paris, Liseux*, 1890, in-8, *broché*.

363. **Mathieu** (Gustave). Parfums, chants et couleurs. Poésies. *Lyon, Impr. de Louis Perrin*, 1873, in-4, *broché*.

364. **Maupassant** (Guy de). Au Soleil. *Paris, Havard*, 1884, in-12, demi-rel. dos et coins de mar. bleu, tête dor., non rogné.

ÉDITION ORIGINALE. Exemplaire tiré sur PAPIER DE HOLLANDE.

365. **Maupassant**. Bel-Ami. *Paris, Havard*, 1885, in-12, demi-rel. dos et coins de mar. bleu, tête dor., non rogné.

ÉDITION ORIGINALE. Exemplaire tiré sur PAPIER DE HOLLANDE.

366. **Maupassant**. Clair de lune. *Paris, Ollendorff*, 1888, in-12, demi-rel. dos et coins de mar. bleu, tête dor., non rogné.

ÉDITION ORIGINALE. L'un des 20 exemplaires tirés sur PAPIER DE HOLLANDE.

367. **Maupassant**. Clair de Lune. *Paris, Monnier*, 1884, in-8, demi-rel. dos et coins de mar. orange, tête dor., *non rogné*. 11

Illustrations de *Arcos, Gambard, Grasset, Jeanniot, Le Natur, Ad. Marie, Merwart, Myrbach, Renouard, Rochegrosse, Roy* et *Tirade*.

368. **Maupassant**. Contes choisis. Illustrés de 118 dessins par G. Jeanniot. *Paris, libr. illustrée, s. d.*, gr. in-8, demi-rel. dos et coins de mar. orange, tête dor., *non rogné*. 53

L'un des 25 exemplaires tirés sur PAPIER DU JAPON.

369. **Maupassant**. Contes de la Bécasse. *Paris, Rouveyre et Blond*, 1883, in-12, demi-rel. dos et coins de mar. bleu, tête dor., *non rogné*. 26

ÉDITION ORIGINALE.

370. **Maupassant**. Contes du jour et de la nuit. Illustrations de P. Cousturier. *Paris, Marpon et Flammarion, s. d.*, in-12, demi-rel. dos et coins de mar. bleu, tête dor., *non rogné*. 13

ÉDITION ORIGINALE. L'un des 50 exemplaires tirés sur PAPIER DE HOLLANDE.

371. **Maupassant**. Fort comme la Mort. *Paris, Ollendorff*, 1889, in-12. demi-rel. dos et coins de mar. bleu, tête dor., *non rogné*. 20

ÉDITION ORIGINALE. L'un des 100 exemplaires tirés sur PAPIER DE HOLLANDE.

372. **Maupassant**. Le Horla. *Paris, Ollendorff*, 1887, in-12, demi-rel. dos et coins de mar. bleu, tête dor., *non rogné*. 50

ÉDITION ORIGINALE. L'un des 40 exemplaires tirés sur PAPIER DE HOLLANDE.

373. **Maupassant**. L'Inutile beauté. *Paris, Havard*, 1890, in-12, demi-rel. dos et coins de mar. bleu, tête dor., *non rogné*. 21

ÉDITION ORIGINALE. L'un des 50 exemplaires tirés sur PAPIER DE HOLLANDE.

374. **Maupassant**. La Main gauche. *Paris, Ollendorff*, 1889, in-12, demi-rel. dos et coins de mar. bleu, tête dor., *non rogné*. 41

ÉDITION ORIGINALE. Exemplaires tirés sur PAPIER DE HOLLANDE.

375. **Maupassant**. La Maison Tellier. *Paris, Ollendorff*, 1891, in-12, demi-rel. dos et coins de mar. bleu, tête dor., *non rogné*. 7

L'un des 40 exemplaires tirés sur PAPIER DE HOLLANDE.

376. **Maupassant**. Miss Harriet. *Paris, Havard*, 1884. en in-12, demi-rel. dos et coins de mar. bleu, tête dor., *non rogné*. 33

ÉDITION ORIGINALE. Exemplaire tiré sur PAPIER DE HOLLANDE.

377. **Maupassant**. Mont-Oriol. *Paris, Havard*, 1887, in-12, demi-rel. dos et coins de mar. bleu, tête dor., *non rogné*. 21

ÉDITION ORIGINALE. Exemplaire sur PAPIER DE HOLLANDE.

378. **Maupassant**. Notre Cœur. *Paris, Ollendorff*, 1890, in-12, demi-rel. dos et coins de mar. bleu. tête dor., *non rogné*. 19

ÉDITION ORIGINALE. L'un des 150 exemplaires tirés sur PAPIER DE HOLLANDE.

379. **Maupassant.** La Petite Roque. *Paris, Havard*, 1886, in-12, demi-rel. dos et coins de mar. bleu, tête dor., *non rogné*.

Édition originale. Exemplaire tiré sur papier de Hollande.

380. **Maupassant.** Pierre et Jean. *Paris, Ollendorff*, 1888, in-12, demi-rel. dos et coins de mar. bleu, tête dor., *non rogné*.

Édition originale. L'un des 100 exemplaires tirés sur papier de Hollande.

381. **Maupassant.** Le Rosier de Madame Husson. *Paris, Quantin*, 1888, in-12 demi-rel. dos et coins de mar. bleu, tête dor., *non rogné*.

Édition originale. L'un des 12 exemplaires tirés sur papier de Hollande.

382. **Maupassant.** Le Rosier de Madame Husson. Illustrations par Robert Dys. Eaux-fortes de E. Abot, d'après Desprès. *Paris, Quantin*, 1888, pet. in-4, *broché*.

383. **Maupassant.** Les Sœurs Rondoli. *Paris, Ollendorff*, 1884, in-12, demi-rel. dos et coins de mar. bleu, tête dor., *non rogné*.

Édition originale. L'un des 50 exemplaires tirés sur papier de Hollande.

384. **Maupassant.** Sur l'Eau. Dessins de Riou. Gravure de Guillaume frères. *Paris, Marpon et Flammarion*, s. d., in-12, demi-rel. dos et coins de mar. bleu, tête dor., *non rogné*.

L'un des 50 exemplaires tirés sur papier du Japon.

385. **Maupassant.** Toine. Illustrations de Mesplès. *Paris, Marpon et Flammarion*, s. d., in-12, demi-rel. dos et coins de mar. bleu, tête dor., *non rogné*.

Édition originale. L'un des 50 exemplaires tirés sur papier de Hollande.

386. **Maupassant.** Des Vers. *Paris, V. Havard*, 1884, in-12, demi-rel. dos et coins de mar. bleu, tête dor., *non rogné*.

Édition originale. L'un des 50 exemplaires tirés sur papier de Hollande, avec le portrait de G. de Maupassant, gravé par *Le Rat*.

387. **Maupassant.** Une Vie. *Paris, Havard*, 1883, in-12, demi-rel. dos et coins de mar. bleu, tête dor., *non rogné*.

Édition originale. Exemplaire tiré sur papier de Hollande.

388. **Maupassant.** La Vie errante. *Paris, Ollendorff*, 1890, in-12, demi-rel. dos et coins de mar. bleu, tête dor., *non rogné*.

Édition originale. L'un des 100 exemplaires tirés sur papier de Hollande.

389. **Maupassant.** Yvette. *Paris, Havard*, 1885, in-12, demi-rel. dos et coins de mar. bleu, tête dor., *non rogné*.

Édition originale. L'un des 50 exemplaires tirés sur papier de Hollande.

390. **Maupassant** (Guy de) et Jacques Normand. Musotte. Pièce en trois actes. *Paris, Ollendorff*, 1891, in-12, demi-rel. dos et coins de mar. bleu, tête dor., *non rogné*.

Édition originale. L'un des 50 exemplaires tirés sur papier de Hollande.

391. **Mérignac** (Emile). Histoire de l'Escrime dans tous les temps et dans tous les pays. Eaux-fortes de M. de Malval. Dessins de M. Dupuy. *Paris, Rouquette,* 1883, 2 vol. gr. in-8, *brochés.*

392. **Mérimée** (Prosper). Chronique du règne de Charles IX. Edition ornée de 102 compositions par Edouard Toudouze. *Paris, Testard,* 1889, in-4, *broché.*

393. **Mérimée**. Chroniques du règne de Charles IX. Édition ornée de 102 compositions par Édouard Toudouze. *Paris, Calmann-Lévy,* 1892, gr. in-8, *broché.*

394. **Mérimée**. La Jacquerie, scènes féodales, suivies de la famille de Carvajol, drame, par l'auteur du Théâtre de Clara Gazul. *Paris, Brissot-Thivars,* 1828, in-8, demi-rel. dos et coins de veau rouge, tr. marbr.

De l'Imprimerie de H. de Balzac. ÉDITION ORIGINALE.

395. **Mérimée**. Lettres à une inconnue, précédées d'une Étude sur Mérimée, par H. Taine. *Paris, Michel Lévy,* 1874, 2 vol. in-8, demi-rel. veau bleu, tr. jasp.

ÉDITION ORIGINALE.

396. **Mérimée**. Nouvelles. La Mosaïque. Avec des dessins de Aranda, de Beaumont, Bramtot, Le Blant, Merson, Myrbach, Sinibaldi. Préface par Jules Lemaître. *Paris, Jouaust,* 1887. in-8, *broché.*

397. **Meunier** (M. et Mme Stanislas). Au Hasard du Chemin. Voyage de jeunes naturalistes de la Manche aux Alpes. Études pittoresques des bêtes, des plantes, des pierres. *Paris, Rothschild, s. d.,* in-4, fig., *brochés.*

398. **Michel** (Francisque) et Édouard **Fournier**. Histoire des Hôtelleries, cabarets, hôtels garnis, restaurants et cafés et des anciennes communautés et confréries d'Hôteliers, de Marchands de vins, de Restaurateurs, de Limonadiers, etc. *Paris, Séré,* 1851, 2 tomes en un vol. gr. in-8, demi-rel. chagr. bleu, plats toile, tête dor.

Nombreuses illustrations en noir et en couleur.

399. **Mille et un Jours** (Les). Contes Persans, traduits en français par Petis de La Croix. Nouvelle édition par E. Dupuis. Illustrée de 500 compositions par A. Gaillard. *Paris, Delagrave,* 1885, in-4, *broché.*

400. **Mille et une Nuits** (Les). Contes arabes, traduits par Galland. Édition illustrée par les meilleurs artistes français. Revue et corrigée sur l'édition princeps de 1704 ; augmentée d'une dissertation sur les Mille et une Nuits, par M. le baron Silvestre de Sacy. *Paris, Ernest Bourdin, s. d.* (1840), 3 vol. gr. in-8, cart., *non rognés.*

Couvertures conservées.

401. **Millevoye**. Œuvres. Édition publiée avec des pièces nouvelles et des variantes par P. L. Jacob. 7 Eaux-fortes par Lalauze. *Paris, Quantin*, 1880, 3 vol. pet. in-8, *brochés*.

402. **Mistral** (Frédéric). Mireille. Poème provençal. Traduction française de l'auteur, accompagnée du texte original, avec 25 eaux-fortes dessinées et gravées par Eugène Burnand, et 53 dessins du même artiste. *Paris, Hachette*, 1884, gr. in-4, *broché*.

403. **Mistral**. Nerto. Nouvelle provençale. Avec la traduction française en regard du texte provençal. *Paris, Hachette*, 1884, in-8, *broché*.

ÉDITION ORIGINALE.

404. **Molènes** (Paul de). Œuvres diverses : Histoires et Récits militaires. — Voyages et Pensées militaires. — Mélanges. — Aventures du temps passé. — Les Commentaires d'un soldat. Eaux-fortes par Armand Dumarescq. *Paris, Jouaust*, 1885-1886, 5 vol. in-12, *brochés*.

Exemplaire tiré sur PAPIER DE HOLLANDE.

405. **Molière** (J.-B. Poquelin de). Théâtre complet, publié par D. Jouaust. Préface par M. D. Nisard. Dessins de Louis Leloir, gravés à l'eau-forte par Flameng. *Paris, libr. des Bibliophiles*, 1876-1883, 8 vol. in-8, *brochés*.

406. **Monnier** (Antoine). Fables et Poèmes courts. *Paris*, 1894, in-4, *broché*.

Volume imprimé sur PAPIER VERGÉ, composé de 105 eaux-fortes, avec texte gravé, intercalé dans l'illustration.

Tiré à 500 exemplaires dont 400 sur PAPIER VERGÉ D'ARCHES (Vosges).

407. **Monnier** (Henry). Les Bas-Fonds de la Société. *Paris, J. Claye*, 1862, gr. in-8, papier de Holl., demi-rel. dos et coins de mar. La Vallière, tête dor., non rogné.

408. **Montaigne**. Les Essais. Réimprimés sur l'édition originale de 1588. Avec Notes, Glossaire et Index par H. Motheau et D. Jouaust, et précédés d'une Note par M. S. de Sacy. Portrait gravé à l'eau-forte par Gaucherel. *Paris, Jouaust*, 1873, 4 vol. in-8, *brochés*.

409. **Montbard** (G.). En Égypte. Notes et Croquis d'un artiste. *Paris, Libr. illustrée, s. d.*, gr. in-8, fig., *broché*.

410. **Monteil** (Edgar). Histoire du célèbre Pépé. Illustrée de cent dessins de Henri Pille. *Paris, Charavay, s. d.*, gr. in-8, *broché*.

411. **Montesquieu**. Le Temple de Gnide, suivi d'Arsace et d'Isménie. Nouvelle édition, avec figures d'Eisen et de Le Barbier, gravées par Le Mire. Préface par O. Uzanne. *Rouen*, 1881, gr. in-8, papier de Holl., *broché*.

412. **Montesquiou-Fezensac** (Robert de). Les Chauves-Souris. Clairs-obscurs. *Paris, Georges Richard*, 1893, in-4, pap. de Holl., cart. en satin, tête dor., *non rogné*.

Tiré à 100 exemplaires numérotés.

413. **Montesquiou-Fezensac**. Le Chef des Odeurs suaves. *Paris*, 1893, in-4, pap. de Holl., *broché*.

414. **Montorgueil** (Georges). Les Trois Apprentifs de la Rue de la Lune. Illustrations dans le texte par Louis Le Réverend et Paul Steck. Aquarelles hors texte de Ed. Loevy. *Paris, May et Motteroz, s. d.*, in-4, couv. illust., *broché*.

415. **Montorgueil** (Georges). La Vie des Boulevards. Madeleine-Bastille. 200 dessins en couleurs, par Pierre Vidal. *Paris, May et Motteroz*, 1896, in-4, *broché*.

416. **Monument** du Costume pour servir à l'Histoire des Modes et du Costume dans le XVIIIe siècle, de 1774 à 1783. Texte par Restif de la Bretonne. 12 Estampes dessinées par Freudenberg et 24 dessinées par Moreau le jeune. Ensemble 36 pl. gravées au burin par Dubouchet. *Paris, Conquet*, 1880-1883, 2 Tomes en un vol. in-4, mar. brun, dos orné, fil., tr. dor. (*Chambolle-Duru*).

417. **Moreau** (Hégésippe). Le Myosotis. Petits Contes et Petits Vers. Nouvelle édition illustrée de 134 compositions de Robaudi, gravées sur bois par Clément Bellenger. *Paris, Conquet*, 1893, gr. in-8, *broché*.

418. **Moreau** (Hégésippe). Petits Contes en prose, illustrés d'un portrait et de douze compositions par Félix Oudart. *Paris, Rouquette*, 1892, in-8, *broché*.

Édition tirée à 375 exemplaires, l'un des 200 sur PAPIER DE HOLLANDE.

419. **Morin** (Louis). Le Cabaret du Puits-sans-Vin. Dessins de l'auteur. *Paris, Delagrave, s. d.*, in-4, couv. illustr., *broché*.

420. **Morin** (Louis). Vieille Idylle. Douze pointes sèches et vingt ornements typographiques par l'auteur. *Paris, Conquet*, 1891, pet. in-12, *broché*.

421. **Mouton** (Eugène). [Mérinos] Contes, Nouvelles et fantaisies. *Paris, Charpentier*, 1881-1883, 3 vol. in-12, demi-rel. dos et coins de mar. La Vallière, tête dor., *non rognés*.

L'un des 50 exemplaires tirés sur PAPIER DE HOLLANDE.

422. **Mouton** (Eug.). Les Vertus et les Grâces des Bêtes. Zoologie morale. Illustration par Auguste Vimar. *Tours, Mame et fils*, 1895, in-4, cart.

423. **Moulin** (Jules). Pages roses. Dessins de MM. B. Lemeunier, F. Oudart, G. Moteley, Léonie Michaud. *Paris, Jouvet, s. d.*, in-4, *broché*.

424. **Musset** (Alfred de). La Confession d'un Enfant du Siècle. Avec dix compositions de P. Jazet, gravées à l'eau-forte par E. Abot. *Paris, May et Motteroz*, 1891, gr. in-8, pap. de Holl., *broché*.

425. **Musset** (Alfred de). La Mouche, illustrée de trente compositions par Ad. Lalauze. *Paris, A. Ferroud*, 1892, in-8, *broché*.

Papier de Hollande.

426. **Musset** (Alfred de). Œuvres : Poésies, 2 vol. — Comédies et Proverbes, 3 vol. *Paris, Lemerre*, 1884-1889, 5 vol. in-4, papier de Holl., *brochés*.

427. **Musset** (Alfred de). Théâtre. Avec une Introduction par Jules Lemaître. Dessins de Charles Delort, gravés par Boilvin. *Paris, Jouaust*, 1889-1891, 4 vol. in-8, pap. vergé, *brochés*.

428. **Nansen.** A travers le Groenland. Ouvrage traduit du norvégien par Ch. Rabot, et contenant 170 gravures et une carte en couleurs. *Paris, Hachette*, 1893, gr. in-8, *broché*.

429. **Nodier** (Charles). Le Bibliomane. 24 compositions de Maurice Leloir, gravées sur bois par F. Noël. Préface de R. Vallery-Radot. *Paris, L. Conquet*, 1894, in-12, *broché*.

Envoi de l'éditeur.

430. **Nodier** (Charles). Histoire du roi de Bohême et de ses sept châteaux. *Paris, Delangle frères*, 1830, gr. in-8, fig. de Tony Johannot, demi-rel. dos et coins de mar. bleu, tête dor., *non rogné*.

431. **Nordenskiold.** Voyage de la Vega autour de l'Asie et de l'Europe. Ouvrage traduit du suédois, par MM. Charles Rabot et Charles Lallemand. *Paris, Hachette*, 1883-1885, 2 vol. in-8, *brochés*.

293 gravures sur bois, 3 gravures sur acier et 18 cartes.

432. **Nouvelles à la main** sur la comtesse Du Barry, trouvées dans les papiers du comte de ***, revues et commentées par Émile Cantrel. Introduction par Arsène Houssaye. *Paris, Plon*, 1861, gr. in-8, portr. et autogr., demi-rel. mar. bleu, tête dor., *non rogné*.

433. **Nus** (Eugène) et Antony **Méray**. L'Empire des Légumes. Mémoires de Cucurbitus Ier. Dessins par Amédée Varin. *Paris, de Gonet, s. d.* (1850), gr. in-8, fig. color., demi-rel. dos et coins de mar. vert, tête dor., *non rogné*.

Exemplaire de premier tirage avec la couverture.

434. **Nus et Méray.** Les Papillons. Métamorphoses terrestres des peuples de l'air, par Amédée Varin. Texte par Eug. Nus et Antony Méray. *Paris, G. de Gonet, s. d.* (1854), 2 vol. gr. in-8, cart., tr. dor.

Belles planches en couleurs.

435. **Old Nick** (D. Forgues) et **Grandville**. Petites Misères de la Vie humaine. *Paris, Fournier*, 1843, in-8, fig., demi-rel. mar. brun, tête dor., éb.

Exemplaire de PREMIER TIRAGE.

436. **Olivier** (Jacques). Alphabet de l'Imperfection et Malice des femmes, reveu, corrigé et augmenté d'un friand dessert et de plusieurs histoires pour les courtisans et partisans de la femme mondaine. *Paris, Barraud*, 1876, gr. in-8, fig., *broché*.

Exemplaire tiré sur PAPIER DE HOLLANDE.

437. **Opus sadicum**. A philosophical Romance for the first time translated from the original French (Holland, 1791). With an engraved frontispiece. *Paris, Liseux*, 1889, gr. in-8, *broché*.

438. **Orléans** (Duc d'). Récits de Campagne (1810-1842). Publiés par ses fils le comte de Paris et le duc de Chartres. 250 gravures sur bois d'après Dauzats, Decamps, Paul Delaroche, Ingres, Eug. Lamy, Raffet, Ary Sdheffer, Horace Vernet, Winterhalter, etc. *Paris, Calmann Lévy*, 1892, in-4, *broché*.

439. **Orléans** (Prince Henri d'). Du Tonkin aux Indes. Janvier 1895-janvier 1896. Illustrations de G. Vuillier. Cartes et appendice géographique par Émile Roux. *Paris, Calmann-Lévy*, 1898, in-4, *broché*.

440. **Oukhtomsky**. Voyage en Orient (Grèce. Égypte. Inde. 1890-1891), de Son Altesse impér. le Cesarevitch. Traduction de Louis Leger. Illustré de 178 compositions de N.-N. Karazine. *Paris, Ch. Delagrave*, 1893, gr. in-4, cart. toile, *non rogné*.

441. **Pagès** (Alph.). Les Grands Poètes français. Notices biographiques, littéraires et bibliographiques. Choix de morceaux par Alphonse Pagès. Portraits authentiques, autographes, frontispices, etc. *Paris, Fischaber*, 1883, gr. in-8, *broché*.

442. **Palais de Justice** (Le) à Paris. Son Monde et ses Mœurs, par la presse judiciaire parisienne (Baillot, Champier, Clémenceau, Ducoing, R. Godefroy, J. Moinaux, etc.). 150 dessins inédits par P. Renouard, E. Brun, etc. Préface de Dumas fils. *Paris, May et Motteroz*, 1892, in-4, *broché*.

443. **Paris** à travers les âges, aspects successifs des monuments et quartiers historiques de Paris depuis le XIIIe siècle jusqu'à nos jours fidèlement restitués d'après les documents authentiques par M. F. Hoffbauer, architecte. Texte par MM. Édouard Fournier, Paul Lacroix, A. de Montaiglon, A. Bonnardot, Jules Cousin, Franklin, Valentin Dufour, etc. *Paris, Firmin-Didot*, 1875-1882, in-fol. en 14 livraisons, cartonnage de l'éditeur.

444. **Paris en chansons.** Notices sur les types excentriques de la grande ville. Chansons avec musique de MM. Ancessy aîné, A. Arthus, Bek, etc. Illustré de gravures par les artistes les plus distingués de France et d'Angleterre. *Paris, P.-H. Krabbe*, 1855, in-8, cart., *non rogné*.

14 gravures.

445. **Paris-Londres.** Keepsake français (1840-1841). Nouvelles inédites illustrées par 26 vignettes. *Paris, Delloye*, 1841, gr. in-8, *broché*.

446. **Parnasse Satirique** (le) du dix-neuvième siècle. Recueil de vers piquants et gaillards de MM. de Béranger, V. Hugo, E. Deschamps, A. Barbier, A. de Musset, Barthélemy, Protat, G. Nadaud, etc. *Rome, s. d.*, 2 vol. in-12. — Le Nouveau Parnasse satirique du XIXe siècle. *Eleutheropolis*, 1866. Ens. 3 vol. in-12, demi-rel. mar. citron, tête dor., *non rognés*.

Frontispices de *Rops* en noir et en bistre.

447. **Payne Knight** (Richard). Le Culte de Priape et ses rapports avec la Théologie mystique des anciens ; suivi d'un Essai sur le culte des pouvoirs générateurs durant le moyen âge. Traduits de l'anglais, par E. W. *Bruxelles, J. J. Gay*, 1883, in-4, 40 pl., *broché*.

448. **Peintres modernes** (Les Grands). 25 Reproductions gravées en fac-similé d'après les dessins originaux des Œuvres les plus intéressantes ayant figuré dans les diverses Expositions. *Paris, Galerie des Artistes modernes*, 1882, in-fol., cart., *non rogné*.

449. **Perrot** (Georges) et Charles **Chipiez**. Histoire de l'Art dans l'antiquité. Tomes I à VI. *Paris, Hachette*, 1882-1894, 6 vol. gr. in-8, fig., *brochés*.

450. **Petits Conteurs du XVIIIe siècle.** Publiés avec Notices bio-bibliographiques par Octave Uzanne. *Paris, Quantin*, 1878-1882, 12 vol. in-8, *brochés*.

L'un des 50 exemplaires tirés sur papier WHATMAN, contenant la suite des portraits en double états sur *papier Whatman* et sur *Japon*, en noir ou en sanguine.

Cette collection comprend : Les Contes de Voisenon, de Boufflers, de Crébillon fils, de Moncrif, de la Morlière, de Pinot-Duclos, de Cazotte, de Restif de la Bretonne, de Besenval, de Fromaget, de Godard d'Aucour, et les Facéties du comte de Caylus.

451. **Peyre** (Roger). Napoléon Ier et son temps. Histoire militaire, Gouvernement intérieur, Lettres, Sciences et Arts. Ouvrage illustré de 13 planches en couleur et 431 gravures et photogravures accompagné de 21 cartes ou plans. *Paris, Firmin-Didot*, 1888, in-4, *broché*.

452. **Piassetsky** (V.). Voyage à travers la Mongolie et la Chine, traduit du russe par Aug. Kuscinski et contenant 90 gravures et une carte. *Paris, Hachette*, 1883, gr. in-8, *broché*.

453. **Piedagnel** (Alexandre). Jadis. Souvenirs et Fantaisies. Avec six eaux-fortes de Marcel d'Aubépine. *Paris, Liseux*, 1886, gr. in-8, *broché*.

L'un des 100 exemplaires tirés sur PAPIER DU JAPON, contenant les 6 eaux-fortes en TRIPLE ÉTAT : noir et sanguine AVANT LA LETTRE, et noir avec la lettre.

454. **Pimodan** (Marquis de). Le Coffret de Perles noires. *Paris, Rouveyre, et Blond*, 1883, in-8, front., pap. de Holl., *broché*.

455. **Poë** (Edgar). Histoires extraordinaires. — Nouvelles histoires extraordinaires traduites par Ch. Baudelaire. Édition illustrée de 26 gravures hors texte. *Paris, Quantin*, 1884, 2 vol. gr. in-8, *brochés*.

456. **Poète** (Le). Mémoires d'un homme de lettres écrits par lui-même (P.-J.-B. Choudard-Desforges). *Bruxelles, Gay et Doucé*, 1881, 5 vol. in-12, fig., cart., *non rognés*.

PAPIER DE HOLLANDE.

457. **Poiré** (Paul). A Travers l'Industrie. Ouvrage illustré de 414 gravures. *Paris, Hachette*, 1891, in-4, *broché*.

458. **Ponsonailhe** (Charles). Les Cent chefs-d'œuvre de l'Art religieux. Les Peintres interprétant l'Évangile. *Paris, Firmin-Didot*, 1895, in-4, fig., *broché*.

459. **Pontis**. Mémoires du sieur de Pontis, officier des armées du roy, contenant plusieurs circonstances des guerres et du gouvernement sous les règnes des roys Henri IV, Louys XIII et Louys XIV. Publiés d'après l'édition originale par J. Servier. Avec les illustrations de Julien Le Blant et A. Giraldon. *Paris, Hachette*, 1898, gr. in-8, *broché*.

460. **Portalis** (Baron Roger). Honoré Fragonard. Sa Vie et son œuvre. 210 planches et vignettes, d'après les peintures, estampes et dessins originaux. Eaux-fortes par Lalauze, Champollion, Courtry, de Mare, Wallet, Greux, Veyrassat, Boilvin, Monziès, Salmon et Jazinski. *Paris, Rothschild*, 1889, in-4, *broché*.

461. **Pougin** (Arthur). Dictionnaire historique et pittoresque du Théâtre et des arts qui s'y rattachent. *Paris, Firmin-Didot*, 1885, gr. in-8, *broché*.

350 figures et 8 chromolithographies.

462. **Prévost** (l'abbé). Histoire de Manon Lescaut et du chevalier Des Grieux. Préface de Guy de Maupassant. Illustrations de Maurice Leloir. *Paris, Launette*, 1885, in-4, *broché*.

463. **Prévost** (C.) et G. **Jollivet**. L'Escrime et le Duel. Ouvrage contenant 21 héliogravures tirées en taille-douce et 25 vignettes. *Paris, Hachette*, 1891, in-8, couv. illustrée, *broché*.

464. **Privat d'Anglemont** (A.). Paris inconnu. Avec une Étude sur la vie de l'auteur par Alfred Delvau. 63 dessins à la plume par F. Coindre. *Paris, Rouquette*, 1886, gr. in-8, *broché*. 4

465. **Rabelais.** Œuvres précédées de sa Biographie et d'une Dissertation sur la prononciation du français au XVIe siècle, et accompagnées de Notes explicatives du texte, par A.-L. Sardou. *San Remo, J. Gay et fils*, 1874-1875, 3 vol. pet. in-12, cart., *non rognés*. 17

466. **Rabelais,** Œuvres de Rabelais. Edition conforme aux derniers textes revus par l'auteur, une notice et un glossaire par Pierre Jannet. Illustrations de A. Robida. *Paris, libr. illustrée, s. d.*, 2 vol. in-4, demi-rel. dos et coins de mar. brun, tête dor., *non rognés*. 25

Exemplaire de PREMIER TIRAGE.

467. **Racine** (Jean). Théâtre. Orné de vignettes gravées à l'eau-forte sur les dessins d'Ernest Hillemacher, par Frédéric Hillemacher. *Paris, libr. des Bibliophiles*, 1873-1874, 4 vol. in-8, pap. de Holl., *brochés*. 17

468. **Racinet** (A.). Le Costume historique. 500 planches, 300 en couleurs, or et argent, 200 en camaïeu. Avec des Notices explicatives et une étude historique. *Paris, Firmin-Didot*, 1876, un vol. et 20 fascicules in-4, cart., *non rognés*. 107

469. **Racinet** (A.). L'Ornement polychrome. Cent planches en couleurs, or et argent, contenant environ 2.000 motifs de tous les styles : Art ancien et asiatique. Moyen âge. Renaissance, XVIIe et XVIIIe siècles. Recueil historique et pratique, avec des notices explicatives et une introduction générale. *Paris, Firmin-Didot, s. d.*, pet. in-fol., *broché*, en carton. 48

470. **Rambosson** (J.). Les Pierres précieuses et les principaux ornements. Ouvrage illustré de 67 gravures dessinées par Yan Dargent et d'une chromolithographique. *Paris, Firmin-Didot*, 1884, gr. in-8, planche *broché*. 3,5

471. **Raymond** (Emmeline). L'Esprit des Fleurs. Symbolisme-Science. *Paris, Rothschild*, 1884, in-4, *broché*. 6,5

Figures en chromolithographie.

472. **Reclus** (Elisée). Nouvelle Géographie universelle. La Terre et les Hommes. *Paris, Hachette*, 1876-1894, 19 vol. in-4, fig. et cartes, demi-rel. mar. Lavallière, tête dor., *non rognés*. 236

473. **Recueil** de pièces rares et facétieuses, anciennes et modernes, en vers et en prose, remises en lumière pour l'esbattement des Pantagruelistes, avec le concours d'un bibliophile. *Paris, Barraud*, 1872-1873, 4 vol. pet. in-8, fig., pap. vergé, *broché*. 27

474. **Recueil** des meilleurs contes en vers, par La Fontaine, Voltaire, Vergier, Senecé, Perrault, Dorat, Chamfort, Piron, Du Cerceau, etc. *Rouen, J. Lemonnyer*, 1879, 4 vol. pet. in-8, portr. et fig., *brochés*.

L'un des 150 exemplaires tirés sur PAPIER WHATMAN.

475. **Recueil** général et complet des Fabliaux des XIIIe et XIVe siècles, imprimés ou inédits, publiés d'après les manuscrits par A. de Montaiglon. *Paris, Jouaust*, 1872-1890, 6 vol. pet. in-8, *brochés*.

476. **Reiset** (Comte de). Modes et Usages au temps de Marie-Antoinette. — Journal de Madame Eloffe, marchandes de modes. — Les Amies de la Reine. — La Reine à la Conciergerie, etc. *Paris, Firmin-Didot*, 1885, 2 vol. in-4, *brochés*.

200 gravures, dont 110 grandes planches, en noir et en couleur.

477. **Renouard** (Paul). La Danse. Vingt Dessins de Paul Renouard transposés en harmonies de couleurs. *Paris, Charles Gillot*, 1892, in-fol., cart. de l'éditeur.

478. **Restif de la Bretonne.** Monsieur Nicolas, ou le cœur humain dévoilé. Mémoires intimes. Réimprimé sur l'édition unique et rarissime publiée par lui-même en 1796. *Paris, Liseux*, 1883, 14 vol. in-8, portr., *brochés*.

Exemplaire tiré sur PAPIER DE HOLLANDE.

479. **Restif de la Bretonne.** Le Paysan perverti. Fidèlement réimprimé sur l'édition d'Amsterdam (1776). *Bruxelles, Kistemaeckers*, 1886, 2 vol. in-8, *brochés*.

480. **Restif de la Bretonne.** La Vie de mon père. Réimprimé sur la troisième édition (Paris, 1788). *Paris, Liseux*, 1884, in-8, pap. de Holl., *broché*.

481. **Revue des Chefs-d'Œuvre** anciens et modernes. Tome I à IX. *Paris, bureaux de la Revue*, 1883-1885, 9 tomes en 8 vol. gr. in-8, demi-rel. chagr. vert, *non rognés*.

482. **Revue horticole.** Journal d'Horticulture pratique. Années 1882 à 1894. *Paris, libr. agricole*, 12 vol. gr. in-8, fig. color., cart.

483. **Rey** (Alfr.) et Louis **Féron.** Histoire du corps des Gardiens de la Paix. Ouvrage orné de 44 planches en couleurs et de 266 gravures en noir. Préface de M. Waldeck-Rousseau. *Paris, Firmin-Didot*, 1896, gr. in-8, *broché*.

484. **Reybaud** (Louis). Jérôme Paturot à la recherche d'une position sociale. Édition illustrée par J.-J. Grandville. *Paris, Dubochet*, 1846, gr. in-8, demi-rel. dos et coins de mar. rouge, tête dor., *non rogné* (*Petit*).

Exemplaire de PREMIER TIRAGE.

485. **Richepin** (Jean). Mes Paradis. Avec un portrait à l'eau-forte par E. Desmoulin. *Paris, Charpentier et E. Fasquelle*, 1894, in-4, *broché*.

Édition tirée à 400 exemplaires.

486. **Robida** (A.). La Vieille France. Normandie. Texte, dessins et lithographies. *Paris, libr. illustrée, s. d.*, gr. in-4, *broché*.

487. **Robida** (A.). Voyage de Fiançailles au xxe siècle. Texte et dessins. *Paris, Conquet*, 1892, in-12, *broché*.

Exemplaire tiré sur PAPIER DE CHINE.

488. **Rochefort** (Henri) [Grimsel]. Fantasia. Dessins de Caran d'Ache. *Paris, libr. moderne*, 1888, gr. in-8, *broché*.

L'un des 20 exemplaires tirés sur PAPIER DU JAPON.

489. **Rochefort** (Henri). Napoléon dernier. Les « Lanternes » de l'Empire. Illustrations par André Gill et Frid. Rick. *Paris, Libr. anticléricale, s. d.*, 3 vol. in-4, fig., demi-rel. veau bleu, tr. jasp.

490. **Rolland** (Amédée). Nos Ancêtres. Tragédie nationale en partie inédite, avec Chœurs et Danse. Onze compositions et allégories de Aug. Fr. Gorguet, gravées par A. Charpentié. *Paris, Jouaust*, 1889, in-4, *broché*.

491. **Rousiers** (Paul de). La Vie américaine. Ouvrage illustré d'une héliogravure et de 320 reproductions sur cuivre de Ch.-G. Petit, d'après les photographies de G. Rivière et accompagné de 17 plans ou cartes. *Paris, Firmin-Didot*, 1892, in-4, *broché*.

492. **Rousseau** (J.-J.). Les Confessions. Nouvelle édition illustrée de 96 compositions par Maurice Leloir, gravées à l'eau-forte par les premiers artistes. Préface de J. Claretie. *Paris, Launette et Cie*, 1889, 2 vol. in-4, *brochés*.

493. **Rousselet** (Louis). L'Inde des Rajahs. Voyage dans l'Inde centrale et dans les présidences de Bombay et du Bengale. 2e édition contenant 317 gravures sur bois et 6 cartes. *Paris, Hachette*, 1877, pet. in-fol., cart., tr. dor.

494. **Rousselet** (Louis). Nos grandes Écoles militaires et civiles. Ouvrage illustré de 169 gravures sur bois dessinées par A. Ferdinandus, Jeanniot, Régamey, etc. *Paris, Hachette*, 1888, gr. in-8, *broché*.

495. **Sacher Masoch**. Contes juifs. Récits de famille. 28 héliogravures hors texte, cent dessins dans le texte par Gérardin, Alph. Lévy, Emile Lévy, Vogel, Worms, etc. *Paris, Quantin*, 1888, in-4, *broché*.

496. **Saint-Pierre** (Bernardin de). Paul et Virginie. Illustrations de Maurice Leloir. *Paris, H. Launette*, 1887, in-4, *broché*.

497. **Sainte-Beuve.** Volupté. *Paris, Renduel,* 1834, 2 vol. in-8, cart., *non rognés.*

ÉDITION ORIGINALE.

498. **Salon des Aquarellistes français.** Texte de Eugène Montrosier. Première année. *Paris, Launette,* 1887, gr. in-4, fig., couv. illustrée, *broché.*

499. **Sand** (George). La Mare au Diable. Édition enrichie de dix-sept illustrations composées et gravées à l'eau-forte par Edmond Rudaux. *Paris, Quantin,* 1889, gr. in-8, *broché.*

500. **Sand** (George). Mauprat. Dix compositions par Le Blant, gravées à l'eau-forte par H. Toussaint. *Paris, Quantin,* 1886, gr. in-8, *broché.*

501. **Santa-Anna-Néry** (F.-J. de). Aux États-Unis du Brésil. Voyages de M. T. Durand, avec illustrations. *Paris, Delagrave, s. d.,* gr. in-8, demi-rel. dos et coins de chagr. rouge, tête dor., *non rogné.*

502. **Scarron.** Le Roman comique. Nouvelle édition illustrée de 350 compositions par Edouard Zier. *Paris, Launette,* 1888, in-4, *broché.*

503. **Schliemann** (Henri). Ilios, ville et pays des Troyens. Résultat des fouilles sur l'emplacement de Troie et des explorations faites en Troade, de 1871 à 1882. Avec une autobiographie de l'auteur, 2 cartes, 8 plans et environ 2.000 gravures sur bois, trad. de l'anglais par Mme Egger. *Paris, Firmin-Didot,* 1885, in-4, *broché.*

504. **Scott** (Walter) illustré. Traduction de Robert de Cérisy et autres. Dessins de Ad. Lalauze, Courboin, Riou, etc. *Paris, Firmin-Didot,* 1881-1892, 20 vol. gr. in-8, demi-rel. perc., *non rognés.*

505. **Séraphin** (feu). Histoire de ce spectacle depuis son origine jusqu'à sa disparition, 1776-1870. Portrait et figures par Hillemacher. *Lyon, Scheuring,* 1875, in-8, papier vergé, demi-rel. dos et coins de mar. vert, tête dor., *non rogné.*

506. **Silvestre** (Armand). Floréal. Illustrations de Georges Cain. Préface de Jules Claretie. *Paris, Delagrave, s. d.,* gr. in-4, *broché.*

507. **Souvestre** (Emile). Le Monde tel qu'il sera. Illustré par MM. Bertall, O. Penguilly et Saint-Germain. *Paris, W. Coquebert, s. d.* [1846], gr. in-8, cart., *non rogné.*

508. **Spire Blondel.** L'Art intime (Grammaire de la Curiosité). Illustrations de MM. Arents, Bourdin, Eraipont, Humbert, Lenoir, etc. *Paris, Rouveyre et Blond,* 1884, in-4, *broché.*

509. **Staal** (Mme de). Mémoires. Illustrations de C. Delort. *Paris, Conquet,* 1891, in-8, pap. vélin, portr., *broché.*

510. **Sterne** (L.). Voyage sentimental en France et en Italie. Traduction nouvelle et Notice de M. Emile Blémont. Illustrations de Maurice Leloir. *Paris, Launette*, 1884, in-4, *broché*.

511. **Strauss** (Paul). Paris ignoré. 550 dessins inédits d'après nature. *Paris, May et Motteroz, s. d.*, pet. in-fol., cart., tête dor., *non rogné*.

512. **Swift**. Voyages de Gulliver. Traduction nouvelle et complète par B. H. Gausseron. *Paris, Quantin, s. d.*, gr. in-8, fig. en couleur, *broché*.

513. **Tamenaga Shounsoui**. Les Fidèles Ronins. Roman historique japonais. Traduit sur la version anglaise de MM. Schiouichiro Saito et Edward Greey par Gausseron. Illustré par Kei-Sai-Yei-Sen, de Yedo. *Paris, Quantin*, 1882, in-4, pap. vergé, couv. illustrée, *broché*.

514. **Tasse** (Le). La Jérusalem délivrée. Traduction nouvelle et en prose, par Philipon de la Madelaine. Edition illustrée par MM. Baron et C. Nanteuil. *Paris, Mallet*, 1841, gr. in-8, demi-rel. chagr. rouge, tête dor., *non rogné*.

515. **Testard** (Emile). Jambes folles. Préface par Arsène Houssaye. Illustrations de Joseph Roy. *Paris, Laurent*, 1886, gr. in-8, *broché*.

516. **Théâtre**, Saynètes et Récits par Gnafron fils de la rue Ferrachat, neveu de Guignol. Illustré de 17 dessins de l'auteur. *Lyon, Bernoux et Cumin*, 1886, in-8, pap. teinté, demi-rel. chagr. brun, tr. jasp.

517. **Theuriet** (André). Nos Oiseaux. Aquarelles de Hector Giacomelli. *Paris, Launette*, 1886, pet. in-fol., *broché*.

518. **Thierry** (Augustin). Récits des Temps mérovingiens. Avec 42 dessins de J.-P. Laurens. *Paris, Hachette*, 1887, gr. in-4, *broché*.

519. **Thiers** (A.). Salon de Mil huit cent vingt-deux, ou Collection des articles insérés au Constitutionnel sur l'Exposition de cette année. Orné de 5 lithographies. *Paris, Maradan*, 1822, in-8, demi-rel. chagrin brun, *non rogné*.

Couverture conservée et portrait ajouté.

520. **Thoumas** (Général). Les Anciennes Armées françaises. Exposition rétrospective du Ministère de la Guerre en 1889. Ouvrage contenant plus de 400 reproductions par la photogravure. *Paris, Launette*, 1890, 2 vol. in-4, cart., *non rogné*.

521. **Tillier** (Claude). Mon Oncle Benjamin. Nouvelle édition illustrée d'un portrait-frontispice et de 42 dessins de Sahib, gravés sur bois par

Prunaire, avec une Préface par Monselet. *Paris, Conquet*, 1881, 2 vol. in-8, *brochés*.

522. **Tillier** et **Bonnetain**. Histoire d'un paquebot. *Paris, Quantin, s. d.*, gr. in-8, fig., *broché*.

523. **Touchatout** (Léon Bienvenu). Le Trombinoscope. *Paris*, 1871-1873, 4 vol. gr. in-8, portr.-charges, demi-rel. veau bleu, tr. jasp.

524. **Trésor** (Le) des Pièces rares ou inédites. *Paris, Aubry*, 1855-1862, 20 vol. pet. in-8, cart. toile, *non rognés*.

525. **Tullo** (Massarani). Théorie des Arts au XIXe siècle. Charles Blanc et son œuvre. Avec une Introduction par Eug. Guillaume. *Paris, Rothschild*, 1885, in-12, portr., *broché*.

526. **Uchard** (Mario). Mon oncle Barbassou. Orné de 40 compositions gravées à l'eau-forte par Paul Avril. *Paris, J. Lemonnyer*, 1884, gr. in-8, pap. vélin, demi-rel. dos et coins de mar. vert, tête dor., *non rogné*.

527. **Uzanne** (Octave). Bouquinistes et Bouquineurs. Physiologie des Quais de Paris, du Pont Royal au Pont Sully. Illustrations d'Émile Mas. Eau-forte de Manesse. *Paris, May et Motteroz*, 1893, gr. in-8, *broché*.

528. **Uzanne**. L'Eventail. Illustrations de Paul Avril. *Paris, Quantin*, 1882, gr. in-8, *broché*,

529. **Uzanne**. La Femme à Paris. Nos Contemporaines. Notes successives sur les Parisiennes de ce temps dans leurs divers milieux, états et conditions. Illustrations de Pierre Vidal. *Paris, May et Motteroz*, 1894, gr. in-8, *broché*.

530. **Uzanne**. La Française du Siècle. Modes. Mœurs. Usages. Illustrations à l'aquarelle de Albert Lynch, gravées à l'eau-forte en couleurs par Eugène Granjean. *Paris, Quantin*, 1886, gr. in-8, *broché*, emboîtage.

531. **Uzanne**. Le Miroir du Monde. Notes et Sensations de la vie pittoresque. Illustrations en couleurs d'après Paul Avril. *Paris, Quantin*, 1888, in-4, *broché*.

532. **Uzanne**. L'Ombrelle. — Le Gant. — Le Manchon. Illustrations de Paul Avril. *Paris, Quantin*, 1883, gr. in-8, *broché*.

Emboîtage en satin.

533. **Uzanne**. Le Paroissien du Célibataire. Observations physiologiques et morales sur l'état du célibat. Illustrations de Albert Lynch, gravées à

l'eau-forte par E. Gaujean. *Paris, May et Motteroz*, 1890, gr. in-8, *broché*.

534. **Uzanne.** La Reliure moderne, artistique et fantaisiste. *Paris, Rouveyre*, 1887, gr. in-8, fig., *broché*. 11

535. **Uzanne.** Son Altesse la Femme. Illustrations de H. Gervex, Gonzalès, L. Kratké, Albert Lynch, Adrien Moreau et F. Rops. *Paris, Quantin*, 1885, gr. in-8, *broché*. 35

Emboîtage en satin.

536. **Vachon** (Marius). Les Arts et les Industries du papier en France. 1871-1894. *Paris, imp. réunies, s. d.* (1895), in-4, *broché*. 7

537. **Vachon** (Marius). La Femme dans l'Art. Les protectrices des arts, les femmes artistes. Ouvrage orné de 400 gravures. *Paris, J. Rouam*, 1893, in-4, *broché*. 5

538. **Vachon** (Marius). Les Marins russes en France. Préface par E. Melchior de Vogué. *Paris, Quantin, s. d.* (1894), in-4, *broché*. 5

Ouvrage illustré de 15 grandes planches en héliotypie et chromotypographie. 170 dessins d'après nature. Couverture en couleur.

539. **Vacquerie** (Auguste). Tragaldabas. Edition illustrée de 54 compositions par Edouard Zier, gravées par F. Méaulle. *Paris, Chamerot*, 1886, in-4, *broché*. 10

540. **Vallès.** Jacques Vingtras. L'Enfant. Edition illustrée de 12 eaux-fortes par Renouard. *Paris, Quantin*, 1884, in-8, *broché*. 7

541. **Vallet** (L.). A Travers l'Europe. Croquis de cavalerie. Préface de M. Roger de Beauvoir. Ouvrage illustré de 300 gravures dans le texte et 50 en couleurs d'après les dessins de l'auteur. *Paris*, 1893, gr. in-4, *broché*. 11

542. **Vasili** (Comte P.). La Sainte-Russie. La Cour, l'Armée, le Clergé, la Bourgeoisie et le Peuple. Ouvrage contenant 4 chromolithographies et plus de 200 gravures. *Paris, Firmin-Didot*, 1890, in-4, *broché*. 8

543. **Vaux** (Baron de). Les Duels célèbres. Préface par Aurélien Scholl. *Paris, Rouveyre et Blond*, 1884, in-8, *broché*. 8

Frontispice et figures de *Berne-Bellecour, Mesplès, Le Natur, Régamey*, etc. — Couverture illustrée.

544. **Vaux** (Baron de). Écuyers et Écuyères. Histoire des Cirques d'Europe (1680-1891). Avec une Étude sur l'équitation savante par Maxime Gaussen. Ouvrage orné de 280 portraits et illustrations. *Paris, Rothschild*, 1893, gr. in-8, *broché*. 10

Envoi d'auteur.

545. **Vaux** (Baron de). Les Femmes de Sport. Préface par Arsène Houssaye et Lettre de Catulle Mendès. *Paris, Marpon et Flammarion*, 1885, gr. in-8, fig., *broché*.

546. **Vaux** (Baron de). Les Hommes de cheval, depuis Baucher. Les Grands-maîtres, les Écuyers, les Hommes de cheval, les Cavaliers. 160 portraits et illustrations par Berne-Bellecour, Karl Bodmer, Crafty, de Neuville, Aimé Perret, F. Régamey, Yvon, etc. *Paris, Rothschild*, 1888, gr. in-8, fig. noires et color., *broché*.

Envoi d'auteur.

547. **Vaux** (Baron de). Les Hommes de Sport. Préface par Alexandre Dumas. *Paris, Marpon et Flammarion, s. d.*, gr. in-8, fig., *broché*.

Papier de Hollande. Envoi d'auteur.

548. **Veyrat** (Georges). Les Statues de l'Hôtel de Ville. Préface de J. Claretie. Illustrations de MM. Caucaunier et G. Mauber. *Paris, May et Motteroz*, 1892, gr. in-8, *broché*.

549. **Vie des Saints** (La) illustrée pour chaque jour de l'année, d'après le P. Giry et les grands recueils de l'Hagiographie moderne. Ouvrage contenant 8 chromolithographies et plus de 300 gravures sur bois d'après les monuments de l'art. *Paris, Firmin-Didot*, 1886, in-4, *broché*.

550. **Vigny** (Alfred de). Cinq-Mars ou une Conjuration sous Louis XIII. *Paris, Quantin*, 1889, 2 vol. gr. in-8, pap. vélin, fig., *brochés*.

551. **Vigny** (Alfred de). Servitude et Grandeur militaires. Dessins de Julien Le Blant, gravés à l'eau-forte par Champollion. *Paris, Jouaust*, 1885, pet. in-8, pap. vélin, *broché*.

552. **Villars** (P.). Le Monde pittoresque et monumental. L'Angleterre, l'Ecosse et l'Irlande. 4 cartes en couleur et 600 gravures. *Paris, Quantin, s. d.*, in-4, *broché*.

553. **Vitu** (Auguste). Paris. 450 dessins inédits d'après nature. *Paris, Quantin, s. d.*, in-fol., cart., tête dor., *non rogné*.

554. **Vuillier** (Gaston). La Danse. *Paris, Hachette*, 1898, in-4, *broché*.

Nombreuses illustrations reproduisant, sur cet art, les documents les plus authentiques de toutes les époques.

555. **Vuillier** (Gaston). Les Iles oubliées. Les Baléares, la Corse et la Sardaigne. Impressions de voyage illustrées par l'auteur. *Paris, Hachette*, 1893, in-4, *broché*.

556. **Vuillier** (Gaston). La Sicile. Impressions du présent et du passé, illustrées par l'auteur. *Paris, Hachette*, 1896, in-4, *broché*.

557. **Voltaire**. Candide ou l'Optimisme. Préface de Fr. Sarcey. Illustrations de Adrien Moreau. *Paris, Boudet*, 1893, gr. in-8, *broché*.

558. **Wendel Holmes** (Oliver). La Dernière feuille. Poème. Illustré par G. Wharton, Hopkinson, Edwards et Smith. *Paris, Quantin*, 1885, in-4, cart., *non rogné*.

559. **Willette**. Pauvre Pierrot. *Paris, Magnier, s. d.*, in-4, *en feuilles* dans un carton.

560. **Witt** (Mme de), née Guizot. La Charité en France à travers les siècles. Ouvrage illustré de 81 gravures. *Paris, Hachette*, 1892, gr. in-8, cart., tr. dor.

561. **Wyzewa** (T. de) et X. **Perreau**. Les Grands Peintres des Flandres, de la Hollande, de l'Italie et de la France. Ouvrage illustré de 386 gravures. *Paris, Firmin-Didot*, 1890, gr. in-8, *broché*.

562. **Yriarte** (Charles). Autour du Concile. Souvenirs et Croquis d'un artiste à Rome. 90 illustrations de Detaille, Godefroy-Durand, Lix, Bocourt de Liphart, Yriarte, Wallet. Eaux-fortes d'après Heilbuth. *Paris, Rothschild*, 1887, in-8, *broché*.

563. **Yriarte**. Un Condottiere au XVe siècle. Rimini. Études sur les lettres et les arts à la cour des Malatesta, d'après les papiers d'État des Archives d'Italie. Avec 200 dessins d'après les monuments du temps. *Paris, Rothschild*, 1882, gr. in-8, *broché*.

564. **Yriarte**. Florence. — L'Histoire. — Les Médicis. — Les Humanistes. — Les Lettres. — Les Arts. Orné de 500 gravures et planches. *Paris, Rothschild*, 1881, 2 vol. in-fol., *brochés*.

565. **Yriarte**. Paris grotesque. Les Célébrités de la rue. Paris (1815 à 1863). Illustrations par MM. L'Hernault, Lix, de Montault et Yriarte. *Paris, Dupray de la Mahérie*, 1864, in-8, demi-rel. chagr. vert, tr. jasp.

566. **Yriarte**. Sculpture italienne. XVe siècle. Matteo Civitali. Sa vie et son œuvre. 9 planches et 100 illustrations par Paul Laurent. *Paris, Rothschild*, 1886, gr. in-4, *broché*.

567. **Yriarte**. La Vie d'un Patricien de Venise au XVIe siècle, d'après les papiers d'État des Frari. Avec 136 gravures et 8 planches, reproductions des monuments du temps et des fresques de Paul Véronèse. *Paris, Rothschild, s. d.*, gr. in-8, *broché*.

568. **Zola** (Émile). L'Argent. *Paris, Charpentier*, 1891, in-12, demi-rel. dos et coins de mar. rouge, tête dor., *non rogné*.

ÉDITION ORIGINALE. — Exemplaire tiré sur PAPIER DE HOLLANDE.

569. Zola (Emile). Au Bonheur des Dames. *Paris, Charpentier*, 1883, in-12, demi-rel. dos et coins de mar. rouge, tête dor., *non rogné*.

Édition originale. — Exemplaire tiré sur papier de Hollande.

570. Zola (Emile). La Bête humaine. *Paris, Charpentier*, 1890, in-12, demi-rel. dos et coins de mar. rouge, tête dor., *non rogné*.

Édition originale. — Exemplaire tiré sur papier de Hollande.

571. Zola (Emile). Une Campagne. 1880-1881. *Paris, Charpentier*, 1882, in-12, demi-rel. dos et coins de mar. rouge, tête dor., *non rogné*.

Édition originale. — L'un des 10 exemplaires tirés sur papier de Chine.

572. Zola (Emile). Le Capitaine Burle. *Paris, Charpentier*, 1883, in-12, demi-rel. dos et coins de mar. rouge, tête dor., *non rogné*.

Édition originale. — L'un des 50 exemplaires tirés sur papier de Hollande.

573. Zola (Emile). La Confession de Claude. *Paris, Lacroix, Verboeckhoven*, 1866, in-12, demi-rel. dos et coins de mar. rouge, tête dor., *non rogné*.

Édition originale.

574. Zola (Emile). La Conquête de Plassans. *Paris, Charpentier*, 1874, in-12, demi-rel. dos et coins de mar. rouge, tête dor., *non rogné*.

Édition originale.

575. Zola (Emile). Contes à Ninon. *Paris, Hetzel et Lacroix, s. d.*, in-12, demi-rel. dos et coins de mar. rouge, tête dor., *non rogné*.

Édition originale, avec la couverture.

576. Zola (Emile). La Curée. *Paris, Lacroix, Verboeckhoven*, 1871, in-12, demi-rel. dos et coins de mar. rouge, tête dor., *non rogné*.

Édition originale.

577. Zola (Emile). La Curée. Compositions de Georges Janniot. *Paris, Charpentier et Fasquelle*, 1894, gr. in-8, *broché*.

578. Zola (Emile). La Débâcle. *Paris, Charpentier et Fasquelle*, 1892, in-12, *broché*.

Édition originale. — Exemplaire tiré sur papier de Hollande.

579. Zola (Emile). Le Docteur Pascal. *Paris, Charpentier*, 1893, in-12, *broché*.

Édition originale. — Exemplaire tiré sur papier de Hollande.

On a joint l'Invitation au déjeuner offert par les éditeurs à l'auteur « pour fêter l'achèvement des Rougons-Macquart » le 29 juin 1893; illustré du portrait d'Émile Zola, dessiné et gravé par *Desmoulin*.

580. Zola (Emile). Documents littéraires. Études et Portraits. *Paris*,

Charpentier, 1881, in-12, demi-rel. dos et coins de mar. rouge, tête dor., *non rogné.*

ÉDITION ORIGINALE. — L'un des 10 exemplaires tirés sur PAPIER DE CHINE.

581. **Zola (Émile).** La Faute de l'abbé Mouret. *Paris, Charpentier*, 1875, in-12, demi-rel. dos et coins de mar. rouge, tête dor., *non rogné.*

ÉDITION ORIGINALE.

582. **Zola (Émile).** Germinal. *Paris, Charpentier*, 1885, in-12, demi-rel. dos et coins de mar. rouge, tête dor., *non rogné.*

ÉDITION ORIGINALE. — Exemplaire tiré sur PAPIER DE HOLLANDE.

583. **Zola (Émile).** La Joie de vivre. *Paris, Charpentier*, 1884, in-12, demi-rel. dos et coins de mar. rouge, tête dor., *non rogné.*

ÉDITION ORIGINALE. — Exemplaire tiré sur PAPIER DE HOLLANDE.

584. **Zola (Émile).** Lourdes. *Paris, G. Charpentier et E. Fasquelle*, 1895, in-12, couv., *broché.*

ÉDITION ORIGINALE. — Exemplaire sur PAPIER DE HOLLANDE.

585. **Zola (Émile).** Madeleine Férat. *Paris, Lacroix, Verboeckhoven*, 1868, in-12, demi-rel. dos et coins de mar. rouge, tête dor., *non rogné.*

ÉDITION ORIGINALE.

586. **Zola (Émile).** Mes Haines. Causeries littéraires et artistiques. *Paris, Achille Faure*, 1866, in-12, demi-rel. dos et coins de mar. rouge, tête dor., *non rogné.*

ÉDITION ORIGINALE.

587. **Zola (Émile).** Mes Haines. Causeries littéraires et artistiques. — Mon Salon (1866). Édouard Manet. Étude biographique et critique. *Paris, Charpentier*, 1879, in-12, demi-rel. dos et coins de mar. rouge, tête dor., *non rogné.*

L'un des 5 exemplaires tirés sur PAPIER DE CHINE.

588. **Zola (Émile).** Les Mystères de Marseille. *Paris, Charpentier*, 1884, in-12, demi-rel. dos et coins de mar. rouge, tête dor., *non rogné.*

L'un des 50 exemplaires tirés sur PAPIER DE HOLLANDE.

589. **Zola (Émile).** Naïs Micoulin. *Paris, Charpentier*, 1883, in-12, demi-rel. dos et coins de mar. rouge, tête dor., *non rogné.*

ÉDITION ORIGINALE. — L'un des 100 exemplaires tirés sur PAPIER DE HOLLANDE.

590. **Zola (Émile).** Nana. *Paris, Charpentier*, 1880, in-12, demi-rel. dos et coins de mar. rouge, tête dor., *non rogné.*

ÉDITION ORIGINALE. — Exemplaire tiré sur PAPIER DE HOLLANDE.

591. **Zola (Émile).** Nana. Edition illustrée par André Gill, Bertall, G.

Bellenger, Bigot, Clairin, etc. *Paris, Marpon et Flammarion*, 1882, in-4, demi-rel. dos et coins de mar. vert, dos orné, tête dor., *non rogné.*

Un des 100 exemplaires tirés sur PAPIER DE HOLLANDE, contenant la suite des figures et vignettes en DOUBLE ÉTAT, sur PAPIER DE CHINE.

592. **Zola (Emile).** Le Naturalisme au théâtre. Les Théories et les Exemples. *Paris, Charpentier*, 1881, in-12, demi-rel. dos et coins de mar. rouge, tête dor., *non rogné.*

ÉDITION ORIGINALE. — Un des 10 exemplaires tirés sur PAPIER DE CHINE.

593. **Zola (Emile).** Nos Auteurs dramatiques. *Paris, Charpentier*, 1881, in-12, demi-rel. dos et coins de mar. rouge, tête dor., *non rogné.*

ÉDITION ORIGINALE. — Un des 10 exemplaires tirés sur PAPIER DE CHINE.

594. **Zola (Emile).** L'Œuvre. *Paris, Charpentier*, 1886, in-12, demi-rel. dos et coins de mar. rouge, tête dor., *non rogné.*

ÉDITION ORIGINALE. — Exemplaire tiré sur PAPIER DE HOLLANDE.

595. **Zola (Emile).** Une Page d'amour. *Paris, Charpentier*, 1878, in-12, demi-rel. dos et coins de mar. rouge, tête dor., *non rogné.*

ÉDITION ORIGINALE. — Exemplaire tiré sur PAPIER DE HOLLANDE.

596. **Zola (Emile).** Pot-Bouille. *Paris, Charpentier*, 1882, in-12, demi-rel. dos et coins de mar. rouge, tête dor., *non rogné.*

ÉDITION ORIGINALE. — Exemplaire tiré sur PAPIER DE HOLLANDE.

597. **Zola (Emile).** Renée, pièce en cinq actes. *Paris, Charpentier*, 1887, in-12, demi-rel. dos et coins de mar. vert, tête dor., *non rogné.*

ÉDITION ORIGINALE.

598. **Zola (Emile).** La République et la Littérature. *Paris, G. Charpentier*, 1879, in-8, demi-rel. dos et coins de mar. rouge, tête dor., *non rogné.*

ÉDITION ORIGINALE.

599. **Zola (Emile).** Le Rêve. *Paris, Charpentier*, in-12, demi-rel. dos et coins de mar. rouge, tête dor., *non rogné.*

ÉDITION ORIGINALE. — Exemplaire tiré sur PAPIER DE HOLLANDE.

600. **Zola (Emile).** Le Roman expérimental. *Paris, Charpentier*, 1880, in-12, demi-rel. dos et coins de mar. rouge, tête dor., *non rogné.*

ÉDITION ORIGINALE. — Un des 10 exemplaires tirés sur PAPIER DE CHINE.

601. **Zola (Emile).** Les Romanciers naturalistes : Balzac — Stendhal — G. Flaubert — Edmond et Jules de Goncourt — Alph. Daudet. *Paris, Charpentier*, 1881, in-12, demi-rel. dos et coins de mar. rouge, tête dor., *non rogné.*

ÉDITION ORIGINALE, avec la couverture. — Exemplaire tiré sur PAPIER DE CHINE.

602. **Zola (Emile).** Rome. *Paris, G. Charpentier et Fasquelle*, 1896, in-12, *broché.*

ÉDITION ORIGINALE. — Exemplaire sur PAPIER DE HOLLANDE.

603. Zola (Émile). La Terre. *Paris, Charpentier*, 1887, in-12, demi-rel. dos et coins de mar. rouge, tête dor., *non rogné*.

ÉDITION ORIGINALE. — Exemplaire tiré sur PAPIER DE HOLLANDE.

604. Zola (Émile). Thérèse Raquin. *Paris, Lacroix, Verboeckhoven*, 1868, in-12, demi-rel. dos et coins de mar. rouge, tête dor., *non rogné*.

ÉDITION ORIGINALE.

605. Zola (Émile). Théâtre. Thérèse Raquin. — Les Héritiers Rabourdin. — Le Bouton de rose. *Paris, Charpentier*, 1878, in-12, demi-rel. dos et coins de mar. rouge, tête dor., *non rogné*.

L'un des 75 exemplaires tirés sur PAPIER DE HOLLANDE.

606. Zola (Émile). Une Page d'Amour. Précédée d'une Lettre-Préface. Avec dessins d'Édouard Dantan, gravés à l'eau-forte par A. Duvivier. *Paris, Jouaust*, 1884, 2 vol. in-8, pap. vergé, *brochés*.

607. Zola (Émile). Une Page d'Amour. Compositions de François Thévenot. *Paris, Émile Testard*, 1895, gr. in-8, *broché*.

608. Zola (Émile). Le Vœu d'une morte. *Paris, Charpentier*, 1889, in-12, demi-rel. dos et coins de mar. rouge, tête dor., *non rogné*.

Exemplaire tiré sur PAPIER DE HOLLANDE.

MACON, PROTAT FRÈRES, IMPRIMEURS

EN DIST...

CATALOGUE

DE

LIVRES ANCIENS

ET MODERNES

Principalement sur l'Archéologie, l'Épigraphie, la Numismatique, etc., provenant de la bibliothèque de M. Ed. L. B., membre de l'Académie des Inscriptions et Belles-Lettres.

Vente du 28 mars au 2 avril 1898.

SALLES SILVESTRE

SOUS PRESSE

CATALOGUE

DE

LIVRES ANCIENS ET MODERNES

TROISIÈME PARTIE

PROVENANT DE LA

BIBLIOTHÈQUE DE M. ERNEST VAUGHAN

MACON, PROTAT FRÈRES, IMPRIMEURS.